lonely planet

PRAGUE

EN QUELQUES JOURS

Mark Baker, Marc Di Duca

Sommaire

Préparer son séjour 4

Maison municipale (p. 91)
HEIDAR_NOURI/SHUTTERSTOCK ©

Explorer Prague 33

Carnet pratique 151

Coups de projecteur

Bienvenue à Prague

Il y a plus de trente ans, la « révolution de Velours » levait le voile sur ce dédale envoûtant de ruelles pavées. Aujourd'hui, la ville aux cent clochers charme les visiteurs avec sa spectaculaire architecture gothique et baroque, ses cafés richement décorés, sa scène artistique avant-gardiste et, bien entendu, le majestueux château de Prague, qui domine la capitale tchèque de sa haute silhouette tout droit sortie d'un conte de fées.

ROMAN KYBUS/SHUTTERSTOCK ©

Les incontournables

MAREMAGNUM/GETTY IMAGES ©

Visiter le château de Prague (p. 36)

BOTOND HORVATH/SHUTTERSTOCK ©

Admirer la cathédrale Saint-Guy (p. 42)

Arpenter la place de la Vieille Ville (p. 84)

ROMAN KYBUS/SHUTTERSTOCK ©

Traverser le légendaire pont Charles (p. 86)

RATNAKORN PIYASIRISOROST/GETTY IMAGES ©

JAROSLAV MORAVCIK/SHUTTERSTOCK ©

Plonger dans l'histoire au Musée juif (p. 70)

Déambuler dans le Vieux Cimetière juif (p. 72)

JAROSLAV MORAVCIK/SHUTTERSTOCK ©

Gravir la colline de Petřín (p. 54)

VARNAKOVR/SHUTTERSTOCK ©

S'imprégner de la beauté baroque de la Loreta (p. 44)

YULIA_B/SHUTTERSTOCK ©

MOHAMMAD ARAR/SHUTTERSTOCK ©

Se mêler à la foule place Venceslas (p. 104)

Faire le plein d'art au palais Veletržní (p. 142)

BTWCAPTURE/SHUTTERSTOCK ©

Se restaurer

Le paysage culinaire de Prague s'améliore d'année en année. Le nombre de restaurants végétariens et végans a explosé, mais la viande occupe toujours le devant de la scène, dans les établissements tchèques traditionnels et branchés.

AHANOV MICHAEL/SHUTTERSTOCK ©

Cuisine tchèque

À Prague, la cuisine tchèque est de qualité inégale. Les plats traditionnels comme le *pečené vepřové koleno s knedlíky a kyselé zelí* (porc rôti avec choucroute et quenelles), ou le *svíčková na smetaně* (tranches de rôti de bœuf mariné à la crème aigre), sont parfois insipides – choisissez bien vos adresses. Parmi les autres spécialités tchèques figurent le jarret de porc (*vepřové koleno*), le canard (*kachna*) et le goulasch (*guláš* ; en photo), préparé avec du bœuf ou du porc et accompagné de quenelles de pain.

Cuisine internationale

Comme dans toutes les grandes villes, les tendances culinaires vont et viennent. Les Tchèques sont de fins gastronomes, et apprécient aussi bien les cuisines française, italienne, indienne, vietnamienne et mexicaine, en plus des sushis. Au menu des dernières adresses branchées : burgers, plats végans et produits artisanaux.

Options végétariennes

Depuis une dizaine d'années, suivant l'engouement actuel des pays occidentaux, les établissements végétariens et végans se sont multipliés dans la capitale. Malheureusement, les options végétariennes restent très limitées dans les restaurants tchèques traditionnels, le meilleur choix étant généralement le sempiternel (mais souvent excellent) fromage frit (*smažený sýr*), accompagné de canneberges et/ou de sauce tartare.

TUPUNGATO/SHUTTERSTOCK ©

Gastronomiques

Field Un restaurant étoilé au Michelin, dans la Vieille Ville. (p. 77)

Augustine Ambiance à la fois raffinée et décontractée et bière de la maison. (p. 61)

Cuisine tchèque traditionnelle

U Modré Kachničky Dans ce beau restaurant classieux de Malá Strana, la spécialité est le canard sous toutes ses formes. (p. 62)

The Eatery Ce restaurant sophistiqué de Holešovice modernise les classiques tchèques. (p. 146)

Vinohradský Parlament Un pub tchèque version XXIe siècle. (p. 136)

Les meilleures tables pour les végétariens

Vegan's Prague Une cuisine 100% végétarienne dans l'axe touristique principal de Malá Strana. (p. 63)

Lehká Hlava Une salle à manger exotique et des préparations d'une fraîcheur parfaite. (p. 96)

Déjeuner rapide

Mistral Café Bistrot décontracté au cœur de la Vieille Ville. (p. 79)

Havelská Koruna Cantine en self-service, servant une cuisine tchèque institutionnelle et bon marché. (p. 97)

Hostinec U Tunelu Un menu de qualité pour déjeuner dans une taverne pittoresque. (p. 136)

À savoir

- Certains établissements facturent un supplément pour le "*couvert*" (pain) et l'indiquent sur la carte.
- Autour de la place de la Vieille Ville, les restaurants sont souvent médiocres, voire attrape-touristes.

Prendre un verre

À chaque coin de rue ou presque, vous trouverez un pub, un bar à vins, une brasserie ou un bar à cocktails. Malgré un intérêt grandissant pour le vin et les cocktails, Prague reste amoureuse de la bière et les marques nationales doivent désormais compter avec des microbrasseries de qualité.

MATT MUNRO/LONELY PLANET ©

Mousses tchèques

En matière de bière (*pivo*), les Tchèques préfèrent les blondes légères (*světlé*) aux brunes (*tmavé*), mais la plupart des pubs servent les deux. La Pilsner Urquell est considérée comme la meilleure marque tchèque, mais la Gambrinus, la Budvar et la Staropramen (brassée à Prague) sont populaires aussi. Les bières tchèques sont généralement classées en *dvanáctka* (12°) ou *desítka* (10°), mais ce n'est pas une référence au degré d'alcool (la plupart des bières affichent 4,5 à 5°). Les bières 12° sont habituellement plus lourdes et plus fortes que les 10°.

Microbrasseries

La mode de la bière artisanale a gagné la Tchéquie et Prague en particulier, qui compte une douzaine de pubs dans lesquels des brasseurs servent leurs propres créations, souvent accompagnées d'une bonne cuisine tchèque traditionnelle. Face à la concurrence des microbrasseries, les grandes enseignes ont dû innover, notamment avec la bière non filtrée (*nefiltrované*) et la bière livrée dans des citernes (*tankové pivo*). N'hésitez pas à tester des bières méconnues produites aux quatre coins du pays.

Bière

Prague Beer Museum Un pub avec plus de 30 bières à la pression. (p. 131)

Klášterní Pivovar Strahov Bonne bière du monastère de Strahov. (p. 51)

U Zlatého Tygra Institution pragoise : Václav Havel y emmena Bill Clinton en 1994 pour lui montrer un véritable pub tchèque. (p. 97)

CUM OKOLO/ALAMY STOCK PHOTO ©

Pivovarský Dům Benedict Microbrasserie populaire, avec de nombreuses bières à la pression et une cuisine tchèque convenable. (p. 123)

Letná Beer Garden Un beer garden avec vue imprenable sur Prague. (p. 147)

U Tří Růží Une brasserie fidèle à la tradition, dans laquelle sont produites plusieurs sortes de lagers. (p. 97)

Bars à cocktails

Hemingway Bar Un refuge douillet et sophistiqué. (p. 99)

Kenton New York Bar Des cocktails haut de gamme, à la new-yorkaise. (p. 80)

Bars à vins

Le Caveau À Vinohrady, ce bistrot-épicerie propose d'excellents vins français. (p. 131)

Café Kaaba Café rétro proposant des vins du monde entier. (p. 137)

Cafés

Grand Café Orient Un joyau cubiste doté d'un balcon ensoleillé. (p. 98)

Café Louvre Un agréable café Belle Époque doté d'une salle de billard. (p. 122)

Kavárna Obecní Dům Légendaire café de style viennois, dans un édifice Art nouveau. (p. 98)

Café Savoy Magnifique café servant de copieux petits-déjeuners et des déjeuners de qualité. (p. 61)

Kavárna Slavia Un café célèbre, face au Théâtre national. (p. 122)

À savoir

- Au pub, vos consommations seront fréquemment notées sur un morceau de papier laissé sur votre table ; n'écrivez pas dessus et ne le perdez pas.
- Pour régler l'addition, dites *zaplatím* ("je vais payer").

Shopping

DENDENAL/SHUTTERSTOCK ©

Prague n'est pas de prime abord une destination très courue pour le shopping. Mais si vous savez où chercher, vous dénicherez d'excellents souvenirs, par exemple du cristal de Bohême, du grenat et des marionnettes. Les produits de beauté naturels et les jouets à l'ancienne constituent aussi de fabuleux cadeaux.

Na Příkopě, en centre-ville, est idéal pour les achats classiques dans les enseignes de chaînes internationales les plus connues. La place Venceslas ne vous offrira pas beaucoup d'occasions de sortir votre portefeuille. Explorez plutôt les ruelles sinueuses de la Vieille Ville. La clinquante Pařížská est bordée d'enseignes de luxe. Dlouhá, Dušní et les rues voisines possèdent quelques boutiques de mode originales, tandis que Celetná, dans le centre, compte aussi des adresses intéressantes.

Souvenirs uniques

Orel & Friends Faites le plein de souvenirs authentiques venus de toute la République tchèque. (p. 65)

Manufaktura Objets traditionnels tchèques et jouets en bois. (photo ; p. 101)

Bric A Brac Une caverne d'Ali Baba débordant d'objets d'autrefois. (p. 101)

Botanicus Cosmétiques naturels et artisanat local. (p. 101)

Design et verrerie

Modernista Des créations de style cubiste tchèque et Art déco : belles céramiques, bijoux, affiches et livres. (p. 100)

Moser Objets ornementés en verre de Bohême. (p. 115)

Artěl Une rencontre entre verrerie traditionnelle et design moderne dans cette élégante boutique de Malá Strana. (p. 65)

Livres et jouets

Shakespeare & Sons Plus qu'une librairie : un repaire littéraire très plaisant. (p. 65)

Kavka Des livres d'art que vous ne trouverez nulle part ailleurs. (p. 100)

Prague confidentielle

L'hypercentre de Prague est si animé qu'on peut facilement croire qu'il concentre tout ce que la capitale a à offrir. Erreur : la ville s'étend dans toutes les directions et regorge de lieux méconnus des touristes. Explorez ces quartiers pour sentir la véritable énergie de Prague.

DAVID KRASENSKY/SHUTTERSTOCK ©

Karlín, cool et branché

À Prague, les tendances vont et viennent, et il est difficile de savoir le quartier qui décrochera à l'avenir la palme de la hype. Il y a cependant fort à parier que Karlín, quartier animé et méconnu des touristes, conservera le titre !

Étonnant Stromovka

Stromovka, le plus grand parc au centre de Prague, s'est métamorphosé ces dernières années : nouveaux ponts, parterres de fleurs, prairies réaménagées... Les urbanistes ont même restauré de vieux bâtiments comme le grand restaurant de Šlechta (Šlechtova restaurace).

Activités

Visites historiques guidées, dégustation de vin et de bière, soirée absinthe, circuits à vélo ou en bateau... Le nombre de personnes et d'entreprises proposant ces prestations a explosé. Ces sorties, toujours amusantes, constituent une autre manière de découvrir la ville.

Festivals de rue

De mars à septembre, il semble y avoir un festival tous les week-ends ou presque, sur tous les thèmes imaginables : bières artisanales, burgers, food trucks, marchés fermiers... Les Pragois adorent. Bain de foule garanti !

Musées

ALBERTO ZAMORANO/SHUTTERSTOCK ©

Prague compte d'innombrables musées, souvent dédiés à des sujets précis, mais certaines collections gardent un petit côté désuet. Les amateurs d'art apprécieront les collections de la Galerie nationale, où les œuvres médiévales, baroques et du début XXe siècle sont légion.

Musées d'art

Palais Veletržní Les époustouflantes collections des XXe et XXIe siècles de la Galerie nationale. (p. 142)

Palais Šternberg La collection d'art européen de la Galerie nationale comporte des œuvres de Goya et de Rembrandt. (p. 50)

Musée Mucha Affiches Art nouveau sensuelles, peintures et panneaux décoratifs d'Alfons Mucha. (p. 109)

Art public

K L'impressionnante tête pivotante de Kafka est désormais l'œuvre d'art public la plus célèbre de Prague ; on la doit à David Černý. (p. 120)

Miminka Des bébés à quatre pattes, escaladant la tour de la télévision de Žižkov, par David Černý. (p. 135)

Proudy Cette sculpture de David Černý représente deux hommes en train de se soulager dans une flaque en forme de République tchèque. (p. 57)

Musées incontournables

Musée juif de Prague Il présente des siècles de vie et de traditions juives. (en photo ; p. 70)

Musée technique national L'héritage industriel de la République tchèque présenté en grande pompe. (p. 145)

Musée national À visiter plutôt pour l'architecture des salles que pour l'exposition permanente. (p. 109)

Retro Muzeum Praha Un mélange de kitsch socialiste et d'histoire contemporaine. (p. 92)

À savoir

- La plupart des musées proposent des billets Famille à tarif réduit.
- Le **Prague CoolPass** (praguecoolpass.com) permet l'entrée gratuite ou à tarif réduit pour environ 70 sites, dont beaucoup de musées.

Voyageurs LGBTQI+

ALZBETA IVANCENKOVA/SHUTTERSTOCK ©

Prague est une ville plutôt accueillante pour les voyageurs LGBTQI+. L'homosexualité est légale et depuis 2006, les couples de même sexe peuvent conclure une union civile. La communauté homosexuelle est très vivante dans la capitale, notamment à Vinohrady. Gaypride en août.

Ressources

Les sites anglophones **Travel Gay Europe** (www.travelgay.com) et **Prague Gay Travel Guide** (www.patroc.com/gay/prague) constituent des ressources fiables, avec une liste des meilleurs bars et clubs régulièrement mise à jour. **Prague City Tourism** (www.prague.eu) recense les hôtels et pensions LGBTQI+ friendly.

Cafés et bars

Saints (www.facebook.com/thesaintsbar) Un bar souterrain agréable et décontracté proposant de bonnes boissons.

Café Celebrity (www.celebritycafe.cz) Un lieu à Vinohrady où se poser et observer les passants en buvant un café.

Q Cafe (www.q-cafe.cz) Un bar discret attirant une clientèle jeune.

Clubs et discothèques

Termix (www.club-termix.cz) Ambiance techno industrielle (acier, verre et sofas à foison) dans ce lieu où se presse un public jeune composé de touristes comme d'autochtones. (p. 139)

Friends Club (www.friendsclub.cz) Une bonne adresse pour boire un verre en observant la foule, ou pour profiter des soirées à thèmes régulièrement organisées.

Club Termax (www.facebook.com/clubmax.cz) Un club gigantesque au cœur de Vinohrady.

Événements culturels

Mezipatra (www.mezipatra.cz) Festival de films gay et lesbien en novembre.

QueerBall (www.queerball.cz) Un bal costumé déjanté, qui se tient généralement en septembre à Vinohrady.

Prague Pride (praguepride.cz) La marche des fiertés de Prague, tous les ans en août.

Avec des enfants

Il existe une multitude d'activités pour les enfants à Prague. De plus en plus de restaurants de la capitale répondent aux besoins spécifiques des petits, avec des aires de jeux et des menus enfants – si ce n'est pas le cas, on vous proposera toujours une portion réduite, à moindre coût.

PRITYKIN_NIKITA/SHUTTERSTOCK ©

Au grand air

Excellente excursion pour toute la famille, le zoo de Prague est implanté au nord du centre-ville, à Troja. Par ailleurs, la capitale tchèque possède de nombreux espaces verts, par exemple Stromovka, où vous pourrez étendre une couverture et laisser votre progéniture se défouler à loisir.

Le beau parc de Petřín est parfait pour une pause au milieu des visites ; gravissez la tour de Petřín pour une vue mirifique sur Prague.

En extérieur

Stromovka Le parc le plus vaste du centre de Prague, avec de nombreuses aires de jeux. (p. 149)

Zoo de Prague Des animaux bien sûr, mais aussi un téléphérique miniature. (en photo ; p. 146)

Funiculaire de Petřín Les enfants vont adorer le trajet jusqu'au sommet de la colline. (p. 55)

Des musées passionnants

Musée technique national Un passage obligatoire pour les férus de technologie. (p. 145)

Musée des Sens Les illusions d'optique de cette exposition interactive étourdiront les plus jeunes. (p. 120)

Musée des Miniatures Un endroit bizarre et fascinant, qui donne le vertige. (p. 49)

À savoir

- Les enfants de moins de 15 ans paient moitié prix dans la majorité des sites (entrée gratuite pour les moins de 6 ans).
- Dans les transports publics, les moins de 15 ans voyagent gratuitement (ayez un justificatif d'identité valable avec vous).

Prague gratuit

Jadis réputée pour son caractère économique, la capitale tchèque a bien changé et il faut mettre la main à la poche pour presque tout. Mais, dans une ville aussi belle, il n'est pas obligatoire de dépenser beaucoup. Les parcs et jardins, notamment celui de Letná, perché sur une colline, sont gratuits, tout comme l'ambiance très vivante du pont Charles.

JAROSLAW GRUDZINSKI/SHUTTERSTOCK ©

Le château de Prague sans billet

L'accès au château de Prague, comprenant la visite de la cathédrale Saint-Guy, est assez coûteux, mais on oublie souvent que les jardins sont gratuits. Le point d'orgue d'une visite est la vue sur Malá Strana et la relève de la garde (photo ci-contre), effectuée toutes les heures ; la plus impressionnante a lieu chaque jour à midi.

Sites gratuits

Pont Charles La traversée du pont Charles, pont emblématique de Prague, est entièrement gratuite. (p. 86)

Quartier de Nový Svět Une délicieuse solution autre que la ruelle d'Or du château de Prague. (p. 50)

Colline de Petřín L'accès au parc est gratuit ; renoncez au funiculaire et montez à pied. (p. 54)

Horloge astronomique Toutes les heures, le carillon sonne publiquement et gratuitement. (p. 85)

Cimetière de Vyšehrad Ce beau cimetière est la demeure éternelle des compositeurs Smetana et Dvořák, ainsi que du maître de l'Art nouveau Alfons Mucha. (p. 127)

Jardins de Letná Le somptueux panorama est gratuit, les boissons sont en supplément. (p. 145)

À savoir

- Renseignez-vous dans les offices du tourisme pour connaître les concerts, pièces de théâtre et événements culturels gratuits.
- La plupart des églises (à l'exception de la cathédrale Saint-Guy et de l'église Saint-Nicolas) sont en accès libre.

Architecture

MICHAL SANCA/SHUTTERSTOCK ©

À Prague, on contemple de superbes exemples des grands courants de l'architecture européenne (roman, gothique, Renaissance, baroque, Art nouveau...), du IXe siècle, date de la fondation de la ville, à l'époque contemporaine. La majeure partie du centre-ville est d'ailleurs inscrite au patrimoine mondial.

Roman et gothique

Rotonde Saint-Martin Dans le quartier de Vyšehrad, cette petite église circulaire serait le plus vieil édifice de Prague encore debout, et un exemple subsistant d'architecture romane. (en photo ; p. 127)

Cathédrale Saint-Guy Gothique jusqu'au bout de ses flèches. (p. 42)

Pont Charles Le pont le plus renommé de Prague est un point de repère gothique. (p. 86)

Renaissance et baroque

Église Saint-Nicolas À Malá Strana, l'église baroque archétypique. (p. 59)

Loreta Ce lieu de pèlerinage fut construit d'après le site original, en Italie. (p. 44)

Renaissance nationale et Art nouveau

Maison municipale Art nouveau flamboyant. (p. 91)

Grand Hotel Evropa Le faste décadent de cet hôtel et café Art nouveau richement décoré. (p. 105)

Architecture moderne

Église du Sacré-Cœur-de-Jésus L'église la plus singulière de Prague, œuvre d'un architecte slovène. (p. 134)

Palais Veletržní Un gigantesque édifice fonctionnaliste. (p. 142)

À savoir

- Pour en apprendre plus sur l'architecture, consultez le site de Prague Unknown (prahaneznama.cz).
- *Prague: An Architectural Guide* est une encyclopédie photographique (en anglais) signée Smith, Schonberg et Sedlakova.

Histoire

L'histoire de Prague se découvre à la manière d'un roman, avec une foule de personnages manipulant le destin de la ville, depuis les gloires du Saint Empire romain jusqu'aux abîmes du bloc de l'Est (avec nombre de rebondissements entre-temps). Par chance, la ville échappa à une destruction massive durant la Seconde Guerre mondiale, et chaque édifice, du château à la plus modeste boutique, évoque ce passé.

SCULPTURES BY DAVID ČERNÝ
TOBIK/SHUTTERSTOCK ©

Sites royaux

Citadelle de Vyšehrad Là où tout commença – la plus ancienne fortification de Prague. (p. 126)

Château de Prague Siège du pouvoir tchèque depuis 1 000 ans. (p. 36)

Horloge astronomique Un merveilleux mécanisme qui sonne les heures depuis des temps immémoriaux. (p. 85)

Église Saint-Nicolas Splendeur baroque inspirée par les Habsbourg. (p. 59)

Renaissance nationale

Musée national Un monument imposant à la gloire de la culture tchèque, surplombant la place Venceslas. (p. 109)

Maison municipale L'apogée de l'Art nouveau et de l'aspiration nationale. (p. 91)

Théâtre national Un écrin pour faire rayonner la musique et le théâtre tchèques. (p. 123)

Rudolfinum Très belle salle de concerts achevée en 1884 ; elle hébergea le Parlement tchécoslovaque entre les deux guerres mondiales. (p. 76)

Époque moderne

Mémorial national aux victimes de la répression sous Heydrich Le lieu où sept partisans tchécoslovaques s'abritèrent des nazis – et connurent une fin tragique – en 1942. (p. 121)

Tour de la télévision La puissance communiste à son paroxysme. (en photo ; p. 135)

Mur John Lennon Ce mémorial a été recouvert de graffitis à chaque fois que la police secrète le recouvrait de blanc. (p. 57)

Mémorial de la révolution de Velours Dressé à l'endroit où la révolution de Velours prit son essor le 17 novembre 1989. (p. 107)

Mémorial national Le sinistre laboratoire situé au sous-sol accueillit le corps en décomposition du dirigeant communiste Klement Gottwald, pour tenter de le préserver – sans succès. (p. 133)

Voyager responsable

DUCHY/SHUTTERSTOCK ©

Quelques conseils pour votre séjour à Prague afin de limiter votre empreinte écologique et soutenir l'économie et la population locales.

Soutenir l'économie locale

Privilégiez les souvenirs authentiques ou fabriqués sur place, comme les objets artisanaux, le cristal, les bijoux ou les jouets made in République tchèque, plutôt que les poupées russes ou les toques style KGB produites en masse et qui n'ont rien de pragois.

Ignorez les stands de *trdelnik* (gâteaux tubulaires) et préférez l'authentique street food tchèque que sont les *koláče* (pâtisseries rondes et moelleuses) de Kolatcherie. Les vendeurs de *trdelnik* s'évertuent à présenter comme "traditionnels" des produits qui n'ont en fait rien de tchèque.

Lutter contre le surtourisme

Réservez votre logement directement auprès de votre hôtel plutôt que de passer par les sites de locations touristiques. Ces derniers ont fait exploser les loyers des citoyens lambda et ont transformé certaines parties de la Vieille Ville en zones hypertouristiques.

Ne vous contentez pas de visiter le centre, aventurez-vous dans les quartiers périphériques plus authentiques, comme Vinohrady et Holešovice.

Évitez les soirées dans les pubs bondés et sortez plutôt en petit comité. Les cohortes de fêtards avinés bousillent l'ambiance des pubs traditionnels et encombrent les petites rues.

Limiter son empreinte carbone

Utilisez les transports publics – si les applications de covoiturage sont très répandues, la voiture contribue aux bouchons et détériore la qualité de l'air. Le métro et les tramways sont rapides et peu onéreux.

Les vélos en libre-service comme Rekola (www.rekola.cz), reconnaissables à leur couleur rose, constituent un moyen de transport amusant et rapide. Évitez les trottinettes électriques, dangereuses pour les novices et sources de nuisances pour les résidents.

À vélo (ou à trottinette), ne roulez pas sur les trottoirs. Restez sur les routes et les pistes cyclables. Celle qui

MARADON 333/SHUTTERSTOCK ©

longe la Vltava River vers le sud jusqu'à Naplavka (photo à droite) est superbe.

Ressources

Bez Obalu (www.bezobalu.org) gère des boutiques de vrac un peu partout dans Prague. Un bon moyen de sensibiliser le grand public à la réduction des emballages.

Pragulic (www.pragulic.cz) propose des circuits piétons alternatifs, guidés par des personnes sans abri. Une manière de combattre les stéréotypes et de découvrir la ville à travers leurs yeux.

Prague City Tourism (www.praguecitytourism.cz) promeut une économie touristique durable. Sur son site, le groupe publie des rapports sur les divers problèmes liés au secteur, comme le surtourisme, et les mesures prises par la ville pour y remédier.

Changements climatiques et voyages

Il est impossible d'ignorer l'impact de nos voyages sur la planète et l'importance d'agir quand c'est possible. Lonely Planet incite tous les voyageurs à réduire leur empreinte carbone. Il existe des "compteurs de carbone" en ligne pour estimer la quantité de CO_2 émise, comme celui de resurgence.org/resources/carbon-calculator.html. De nombreux sites de compagnies aériennes et de réservation offrent aux voyageurs la possibilité de compenser le niveau des gaz à effet de serre dont ils sont responsables en contribuant à des initiatives en faveur du climat dans le monde. Lonely Planet compense les émissions de son personnel, en reconnaissant que ce n'est pas une solution, mais un pis-aller.

Prague en 4 jours

1er jour

SVETLANASF/SHUTTERSTOCK ©

Un seul jour à Prague ? Démarrez de bon matin pour voir l'**horloge astronomique** (p. 85) s'animer, puis flânez sur la **place de la Vieille Ville** (p. 84) avec son éventail spectaculaire de styles architecturaux et les flèches de **Notre-Dame-de-Týn** (p. 85). De là, promenez-vous dans les ruelles de la Vieille Ville tout en vous dirigeant vers l'emblématique **pont Charles** (en photo ; p. 86). Arrêtez-vous pour déjeuner chez **Cukrkávalimonáda** (p. 62) avant de traverser Malá Strana pour grimper au **château de Prague** (p. 36). La visite du château et de la **cathédrale Saint-Guy** (p. 42) occupera le reste de la journée. En soirée, offrez-vous un dîner tchèque traditionnel à la **U Modré Kachničky** (p. 62).

2e jour

MICHAELA JILKOVA/SHUTTERSTOCK ©

Passez la matinée à explorer les ruelles pittoresques de Malá Strana, l'un des plus anciens quartiers de la ville, et le parc de Kampa. Empruntez le **funiculaire de Petřín** (en photo ; p. 55) pour profiter de la vue depuis la **tour d'observation** (p. 55). De là, prenez le sentier menant au **monastère de Strahov** (p. 47) puis redescendez dans Nerudova. Revenez vers Kampa et accordez-vous un déjeuner au **Café Savoy** (p. 61).

Dans l'après-midi, traversez la Vltava pour vous rendre au **Musée juif de Prague** (p. 70). Ensuite, dénichez un billet de dernière minute pour un opéra ou un ballet au **Théâtre national** (p. 123). Avant le spectacle, prenez un repas léger au **Café Louvre** (p. 122).

3e jour

MOHAMMAD AEAR/SHUTTERSTOCK ©

Commencez la journée par un café au célèbre **Kavárna Slavia** (p. 122). De là, remontez Národní třída jusqu'à la **place Venceslas** (en photo ; p. 104), en découvrant les sites alentour, notamment le **Musée national** (p. 109) et la **statue de saint Venceslas** (p. 105). Déjeunez chez **Výtopna** (p. 113).

De là, le métro vous mènera à **Vyšehrad** (p. 126), où vous pourrez marcher parmi des ruines et voir les tombes de Dvořak et de Mucha dans le cimetière.

Passez la soirée à Vinohrady ou Žižkov et jetez votre dévolu sur l'un des excellents restaurants du secteur, par exemple **Vinohradský Parlament** (p. 136) ou **The Tavern** (p. 137).

4e jour

RUS S/SHUTTERSTOCK ©

Pour voir Prague sous un autre angle, partez de la place de la Vieille Ville par l'élégante Pařížská, traversez le pont tchèque (Čechův most) et grimpez jusqu'aux **jardins de Letná** (p. 145), d'où l'on jouit d'une vue superbe. Après cela, dirigez-vous vers **Mr Hot Dog** (p. 147) ou le **Bistro 8** (p. 146) pour déjeuner.

Le **Musée technique national** (en photo ; p. 145) est à quelques pas. Si vous avez encore un peu d'énergie, visitez le meilleur musée d'art de Prague (et l'un des moins fréquentés), le **palais Veletržní** (p. 142), avant de prendre le tram pour regagner le centre-ville. Pour votre ultime soirée à Prague, dînez sur le toit-terrasse de **U Prince** (p. 97) et levez votre verre à cette ville merveilleuse.

Les basiques

Pour plus de détails, reportez-vous au *Carnet pratique* (p. 151)

Monnaie
Couronne tchèque (Koruna česká ; Kč)

Langue Tchèque

Formalités
Pour un court séjour, il suffit aux citoyens de l'UE et suisses d'avoir une carte d'identité ou un passeport valides. Autres nationalités, voir le site visitczechrepublic.com/fr-FR.

Argent
Les DAB sont nombreux et les cartes bancaires largement acceptées.

Téléphone portable
Le forfait des voyageurs européens fonctionne en République tchèque comme dans leur pays d'origine, sans surcoût. Les autres voyageurs doivent se renseigner sur les frais d'itinérance.

Heure locale
Heure de l'Europe centrale (GMT +1h en hiver ; +2h en été).

Pourboire
Généralement 10%.

Budget quotidien

Moins de 80 €

Lit en dortoir 12-20 €

Supermarchés où faire ses courses

Sites touristiques majeurs 10 €

De 80 à 200 €

Chambre double 120-200 €

Dîner trois plats dans un restaurant milieu de gamme : 30 €

Plus de 200 €

Chambre double ou suite dans un hôtel de luxe 200-260 €

Dîner dégustation sept plats dans un restaurant haut de gamme 120 €

Sites Web

Lonely Planet (lonelyplanet.fr) Renseignements, forum de voyageurs, etc.

Prague City Tourism (prague.eu/fr ; en français) Le portail officiel du tourisme à Prague.

Avant-garde Prague (avantgarde-prague.fr) Site d'information sur la ville et prestataire dédié à l'accueil des visiteurs francophones.

Expats.cz (www.expats.cz) Un site anglophone où s'informer des dernières actualités et événements.

IDOS (idos.idnes.cz) Horaires et tarifs des trains et bus.

Transports publics de Prague (dpp.cz) Très pratique pour organiser ses déplacements.

Arriver à Prague

Transports publics et taxis sont disponibles aux deux principaux points d'arrivée.

✈ Aéroport de Prague Václav Havel

À environ 17 km de la place de la Vieille Ville.

Airport Express (AE) Un bus direct rejoint la gare ferroviaire Hlavní Nádraží (100 Kč ; toutes les 30 min).

Taxis Des taxis attendent à l'extérieur des terminaux. Le trajet pour le centre-ville coûte 700 Kč.

Bus Le n°119 dessert la station de métro Nádraží Veleslavín (40 Kč).

Gare ferroviaire centrale Praha Hlavní Nádraží

La principale gare est à Nové Město, près de la place Venceslas, en centre-ville.

Métro La station est sur la ligne rouge C, avec des liaisons directes vers Holešovice et Vyšehrad. Changez à Můstek ou Florenc pour d'autres destinations.

Marche Le centre-ville est accessible à pied.

Comment circuler

Le système de transports publics de Prague est l'un des meilleurs en Europe. La plupart des visiteurs se rendent partout où ils en ont besoin à pied, en métro ou en tram.

Métro

Le métro de Prague circule de 5h à minuit, avec des liaisons rapides et fréquentes.

Tram

Les trams circulent de 5h à minuit. Les trams de nuit sillonnent la capitale toutes les 40 minutes environ.

Taxi

Les taxis sont pratiques, mais mieux vaut réserver par téléphone. Uber ou Bolt sont disponibles à Prague.

ROMAN SIGAEV/SHUTTERSTOCK ©

Les quartiers de Prague

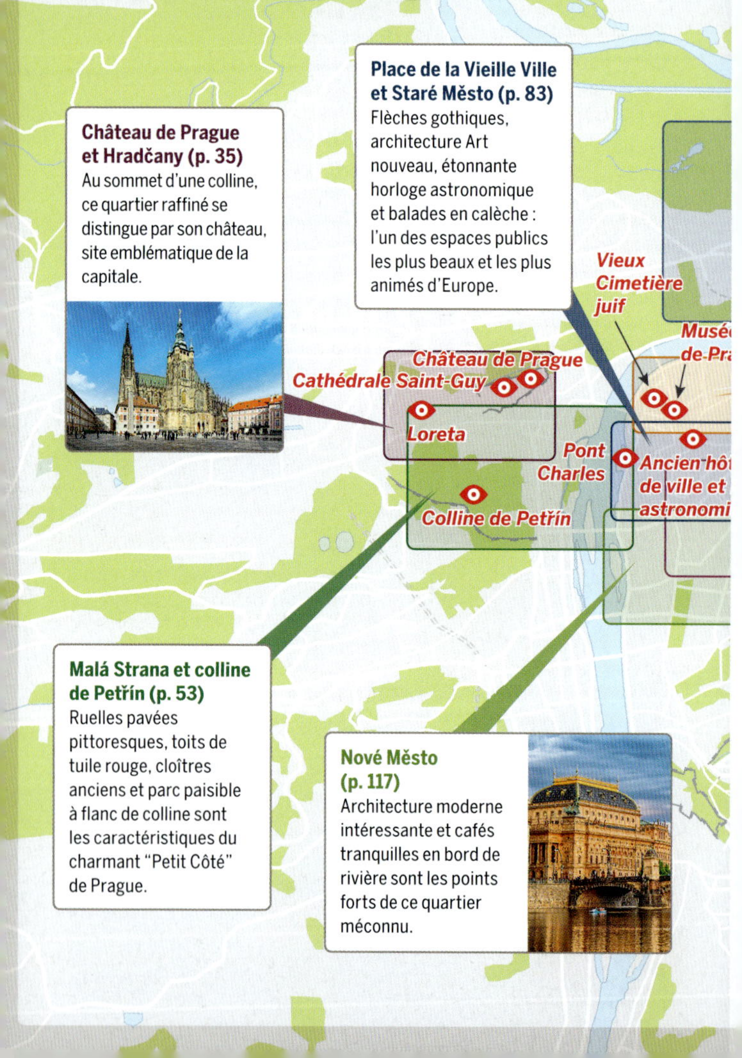

Château de Prague et Hradčany (p. 35)

Au sommet d'une colline, ce quartier raffiné se distingue par son château, site emblématique de la capitale.

Place de la Vieille Ville et Staré Město (p. 83)

Flèches gothiques, architecture Art nouveau, étonnante horloge astronomique et balades en calèche : l'un des espaces publics les plus beaux et les plus animés d'Europe.

Malá Strana et colline de Petřín (p. 53)

Ruelles pavées pittoresques, toits de tuile rouge, cloîtres anciens et parc paisible à flanc de colline sont les caractéristiques du charmant "Petit Côté" de Prague.

Nové Město (p. 117)

Architecture moderne intéressante et cafés tranquilles en bord de rivière sont les points forts de ce quartier méconnu.

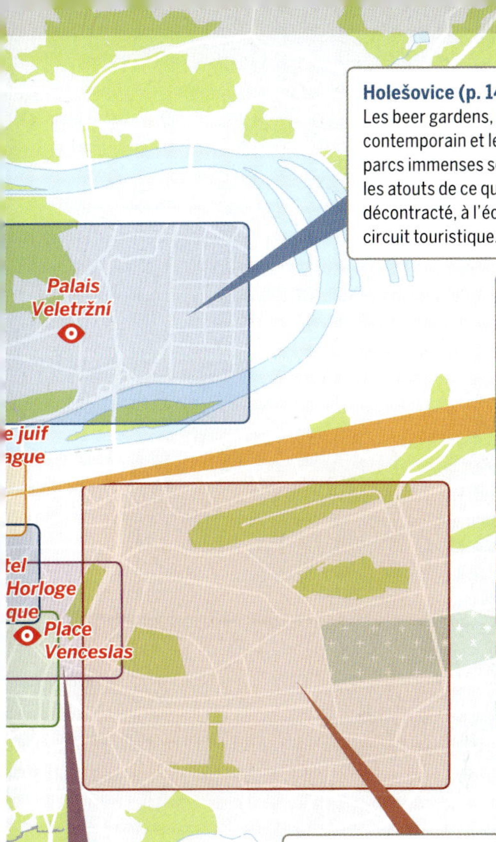

Holešovice (p. 141)
Les beer gardens, l'art contemporain et les parcs immenses sont les atouts de ce quartier décontracté, à l'écart du circuit touristique.

Musée juif de Prague et Josefov (p. 69)
Aujourd'hui, l'ancien ghetto juif de Prague conserve plusieurs synagogues historiques et le Vieux Cimetière juif, à l'atmosphère fascinante.

Place Venceslas et ses environs (p. 103)
Jadis un marché aux chevaux, cette immense place a été le théâtre de nombreux événements de l'histoire tchèque.

Vinohrady et Žižkov (p. 129)
Quartier résidentiel de choix, ce secteur verdoyant abrite bon nombre des bars et cafés les plus branchés de Prague.

ZDAR TOBĚ PRAHO! VZDORUJ ČASU ZLOBĚ
JAK ODOLALAS VĚKY BOUŘÍM VŠEM!

Explorer Prague

Promenades à pied

Maison municipale (p. 91) PYTY/SHUTTERSTOCK ©

Explorer

Château de Prague et Hradčany

Lors de vos balades dans la capitale, vous perdrez rarement de vue la cathédrale Saint-Guy, qui se dresse au cœur du château de Prague. Le promontoire sur lequel est posé le château est appelé Hradčany, un secteur débordant de sites fascinants, à la fois religieux et séculiers.

Notre sélection

- ***Château de Prague (p. 36)*** *Jetez un œil à l'exposition installée sous les arcades proches de l'ancien Palais royal : elle retrace l'histoire de ce monument historique, le plus célèbre du pays.*
- ***Cathédrale Saint-Guy (p. 42)*** *Le plus prestigieux des édifices religieux tchèques est un pêle-mêle de styles architecturaux truffé de trésors artistiques.*
- ***Loreta (p. 44)*** *Un lieu de pèlerinage majeur, avec en son cœur la Santa Casa.*
- ***Bibliothèque de Strahov (p. 47)*** *La bibliothèque monastique la plus vaste et ornementée du pays.*
- ***Ruelle d'Or (p. 38)*** *Dans le château de Prague, une ruelle jalonnée de maisonnettes colorées. Franz Kafka y séjourna.*

Comment y aller et circuler

Ligne 22 jusqu'à Pražský hrad puis 5 minutes à pied ou jusqu'à Pohořelec puis descendez la colline.

M Ligne A jusqu'à Malostranská puis montez les marches.

Plan du Château de Prague et Hradčany p. 46

Cathédrale Saint-Guy (p. 42) MIKHAIL MARKOVSKIY/SHUTTERSTOCK ©

Les incontournables

Visiter le château de Prague

Entamée au IXe siècle par les princes Přemyslid, la construction du hrad *(château), comme l'appellent les Pragois, se poursuivit au gré des idées des seigneurs successifs. Dominant la Vltava, c'est une ville dans la ville, dont les rangs serrés de flèches, de palais et de tours, surplombent le centre-ville telle une forteresse. L'enceinte du château cache un vaste ensemble de résidences princières, de musées et de galeries.*

PLAN P. 46, E2

Pražský hrad

hrad.cz/en

Hradčanské náměstí 1

Tarif plein/réduit à partir de 250/125 Kč, billet valable 2 jours

22, 23, M Malostranská

Entrée du château

Sur la place de Hradčany (Hradčanské náměstí), l'entrée principale du château est flanquée de statues baroques représentant un combat de géants (1767-1770), à côté desquelles les gardes du château semblent bien minuscules. Après la chute du communisme en 1989, Václav Havel demanda au costumier du film *Amadeus* (de Miloš Forman) de redessiner leurs uniformes. Une fois par heure, à l'heure pile, se déroule la relève de la garde – le cérémonial complet ayant lieu à midi.

Pinacothèque du château

En 1648, des envahisseurs suédois pillèrent la collection d'art de l'empereur Rodolphe II et dérobèrent les statues originales en bronze du jardin Wallenstein. La **galerie de peinture**, située dans des écuries Renaissance, réunit une collection d'art européen (XVIe-XVIIIe siècle) où l'on retrouve les noms de Holbein le Jeune, Cranach, Titien, Tintoret et Rubens.

Monolithe de Plečnik

Dans la troisième cour, près de la cathédrale Saint-Guy, ce monolithe de granit dédié aux victimes de la Première Guerre mondiale a été conçu par l'architecte slovène Jože Plečnik en 1928. Non loin, se dresse une copie de la statue en bronze de saint Georges terrassant le dragon.

Ancien Palais royal

Magnifique exemple du gothique flamboyant, la **salle Vladislav** (Vladislavský sál ; 1493-1502) fut conçue par Benedikt Rejt. Depuis 1934 tous les présidents de la République ont prêté serment ici. Un balcon offre une belle vue sur la ville, tandis qu'une porte mène à l'ancienne chancellerie de Bohême, où eut

★ À savoir

- Les sites du château ouvrent leurs portes à 9h ; soyez-y un peu avant pour éviter la foule.
- Il faut au moins une demi-journée pour visiter les lieux.
- Des visites guidées en français peuvent être réservées en appelant le 224 372 187. Elles durent 1 heure environ et partent des centres d'information. Il existe aussi un service d'audioguide.
- Kultura na Hradě (Culture au château ; www.hrad.cz/cs/kultura-na-hrade) donne un agenda des différentes manifestations culturelles organisées au château.

Une petite pause ?

Parmi les établissements répartis autour du château, le ravissant **Lobkowicz Palace Café** (p. 51), au rez-de-chaussée du palais, est l'un de nos préférés.

lieu la deuxième défenestration de Prague en 1618, événement déclencheur de la guerre de Trente Ans.

Musée d'Histoire du château de Prague

Logé dans les caves gothiques de l'ancien Palais royal, cet immense **musée** (www.hrad.cz ; tarif plein/réduit 140/70 Kč) couvre mille ans d'histoire. Parmi les pièces exposées les plus parlantes, citons la tombe d'un combattant du IXe siècle découverte dans l'enceinte du château, le casque et la cotte de mailles de saint Venceslas et une copie de la couronne en or, réalisée pour Charles IV en 1346.

Basilique Saint-Georges

Derrière une façade de brique rouge baroque, ajoutée au XVIIIe siècle, se cache la **basilique** (Jiřské náměstí ; hrad.cz ; entrée comprise dans le billet pour le château de Prague) romane la mieux préservée du pays. La structure originale fut édifiée au Xe siècle par Vratislav Ier (père de saint Venceslas), enterré ici aux côtés de sainte Ludmilla. Un lieu apprécié pour les concerts qui y sont parfois donnés.

Ruelle d'Or

Construites au XVIe siècle pour loger les gardes du château, les maisonnettes colorées de cette **allée** (entrée comprise dans le billet pour le château de Prague) pavée

Basilique Saint-Georges

ROMAN BABAKIN/SHUTTERSTOCK ©

Rois et châteaux

L'histoire royale de Prague est émaillée d'épisodes tragiques, entre défenestrations au château et condamnations au bûcher.

Origines

Le nom de "Bohême", qui désigne encore aujourd'hui les provinces occidentales de la République tchèque, vient de la tribu celte des Boïens, qui vivaient dans la région de Prague depuis plusieurs siècles avant l'arrivée des Slaves, autour du VIe siècle. La dynastie des Přemyslides est restée célèbre pour avoir construit la partie la plus ancienne du château actuel, au IXe siècle.

L'âge d'or

Après l'extinction de la dynastie des Přemyslides, Prague passe sous le contrôle de l'empereur romain Charles IV (1316-1378) et connaît une période d'épanouissement. Charles, tchèque par sa mère, confère à la ville un statut impérial. Il fonde la Nouvelle-Ville (Nové Město) et dote Prague de nombreux édifices dont le pont Charles, l'université Charles et, dans l'enceinte du château, la cathédrale Saint-Guy.

Au XVe siècle, un mouvement mené par le réformateur Jan Hus, recteur à l'université de Prague, dénonce la corruption au sein de l'Église catholique. Accusé d'hérésie, Hus est condamné au bûcher à Constance (Allemagne) en 1415. Sa mort entraînera des décennies de luttes entre catholiques et hussites.

Le règne des Habsbourg

En 1526, la Bohême passe sous le contrôle des Habsbourg d'Autriche. Désireux de restaurer la primauté de l'Église catholique, ces derniers vont s'aliéner la majorité des Tchèques protestants. En 1618, des représentants des États de Bohême défenestrent deux conseillers catholiques au château, déclenchant la guerre de Trente Ans (1618-1648) qui embrase l'Europe entière. L'aristocratie tchèque est défaite en 1620 à la bataille de la Montagne Blanche (Bílá Hora).

hébergèrent également des orfèvres (à qui la ruelle doit son nom) ainsi que des artistes. Franz Kafka passa l'automne 1916 au n°22 de la rue, chez sa sœur Ottla.

Palais Rosenberg

Ancienne demeure de la famille Rosenberg, ce **palais** Renaissance du XVIe siècle (Jiřská 1 ; entrée comprise dans le billet du château de Prague) a été transformé par l'impératrice Marie-Thérèse en institut pour les dames de la noblesse sans ressources et sans époux – jusqu'à 30 protégées pouvaient y loger. Certaines pièces, décorées d'objets en provenance du château de Prague, permettent aujourd'hui d'imaginer les appartements d'une de ces aristocrates du XIIIe siècle.

Palais Lobkowicz

Ce **palais** (Jiřská 3 ; lobkowicz.cz ; tarif plein/réduit 290/220 Kč) du XVIe siècle héberge un musée privé, connu sous le nom de Collections princières. Résidence de la famille Lobkowicz depuis quatre siècles, il fut confisqué par les nazis durant la guerre, puis par les communistes en 1948, et restitué à William Lobkowicz en 2002. S'y côtoient œuvres d'art (Cranach, Bruegel l'Ancien, Piranèse...), mobilier et documents anciens liés à l'histoire de la musique. On peut ainsi voir des partitions originales annotées par Mozart et Beethoven, ainsi qu'un ensemble d'instruments de musique. Un audioguide, enregistré par le propriétaire, vous accompagne lors de la visite.

Jardin royal

Une porte côté nord de la deuxième cour mène au **pont Poudrier** (Prašný most, 1540), qui enjambe le **fossé aux Cerfs** (Jelení příkop) et conduit au **Jardin royal** (entrée libre) créé par Ferdinand Ier en 1534 dans un style Renaissance. Trois splendides édifices ornent le jardin. Le plus remarquable est la maison du **Jeu de paume** (Míčovna ; 1569), un chef-d'œuvre de décor Renaissance en sgraffite. À l'est, le **palais d'Été** ou **Belvédère** (Letohrádek), érigé entre 1538 et 1563, est l'un des plus beaux exemples de bâtiments Renaissance hors d'Italie. À l'ouest s'étend l'ancien **manège** (Jízdárna) qui date de 1695. Ces trois bâtiments accueillent des expositions.

Jardins sud

Les trois jardins alignés sous la muraille sud du château – le **jardin du Paradis**, le **jardin Hartig** et le **jardin sur les remparts** – offrent une vue splendide sur les toits de Malá Strana. L'entrée se fait par l'ouest via les marches du nouveau château, ou par l'est, via celles de l'ancien château.

Visite du château de Prague

Le château de Prague a récemment modifié ses circuits et ses tarifs. La seule visite désormais possible inclut l'ancien Palais royal, la basilique Saint-Georges, la ruelle d'Or et la cathédrale. Il faut un autre billet pour accéder à la tour de la cathédrale et au musée d'Histoire du château de Prague. Les billets sont valables deux jours, mais ne permettent qu'une seule visite par site, sans remboursement possible. Si vous souhaitez prendre des photos, il vous en coûtera 50 Kč de plus. Vous pouvez acheter vos billets à l'une des deux billetteries dans les **deuxième** et **troisième cours**. Votre billet pour le château de Prague vous donne aussi accès au musée du pont Charles (p. 87).

Château de Prague

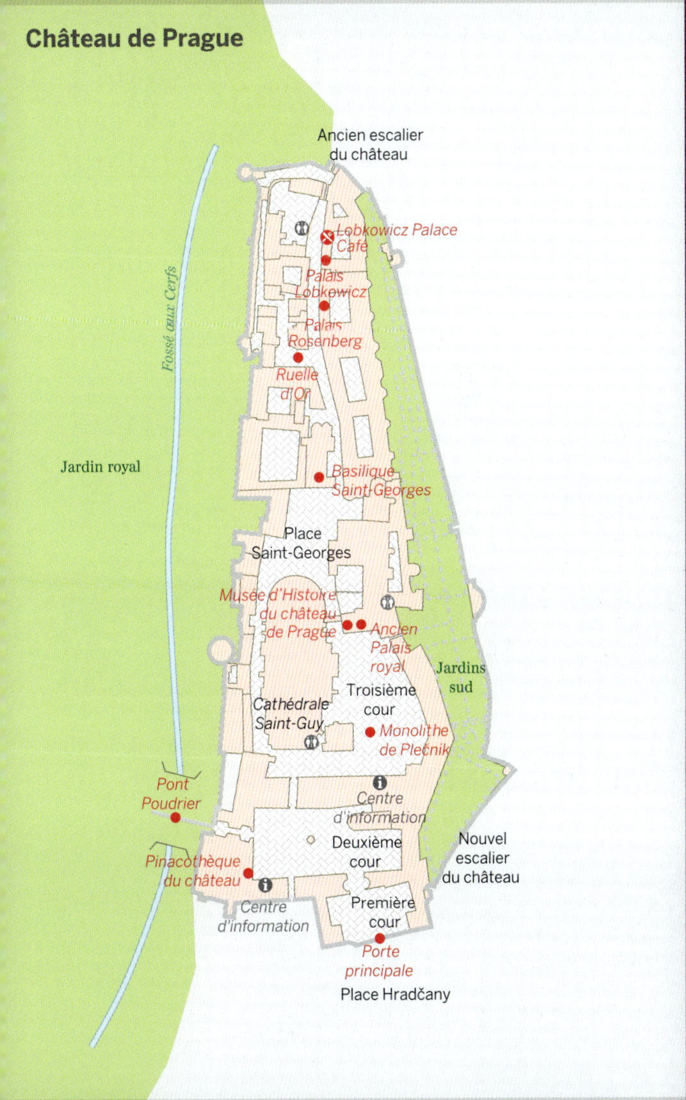

Les incontournables

Admirer la cathédrale Saint-Guy

La construction de la principale église du pays débuta en 1344. D'apparence gothique, si l'on en juge ses flèches élancées, la cathédrale Saint-Guy demeura largement incomplète jusqu'à sa consécration tardive en 1929. L'édifice, où furent sacrés les rois de Bohême jusqu'au milieu du XIXe siècle, est désormais le siège de l'archevêché de Prague et la dernière demeure de personnalités illustres du pays, de saint Venceslas à Charles IV.

PLAN P. 46, E2

Katedrála sv Víta

katedralasvatehovita.cz/fr

22, 23

Vitraux

La nef baigne dans la lumière colorée des vitraux créés au début du XXe siècle. Dans la troisième chapelle côté nord, remarquez celui d'Alfons Mucha (photo), qui dépeint la vie des saints Cyrille et Méthode.

Porte Dorée

L'entrée sud de la cathédrale, appelée Porte Dorée (Zlatá brána), est un élégant porche gothique à trois arches conçu par l'architecte favori de Charles IV, Peter Parler (1330-1399). Elle est ornée d'une mosaïque figurant le Jugement dernier.

Oratoire royal

Les rois s'adressaient à leurs sujets du haut de ce balcon de style gothique tardif, décoré de nervures semblables à des branches d'arbres.

Tombeau de saint Jean Népomucène

Le spectaculaire tombeau de saint Jean Népomucène, tout en argent, est coiffé d'un dais porté par des anges. La légende raconte que lors de l'exhumation de ce prêtre martyr, sa langue était intacte. L'Église le canonisa et commanda ce tombeau pour y placer la dépouille. (Des scientifiques établirent par la suite que cette "langue" était en fait des tissus cérébraux congelés dans du sang.)

Chapelle Saint-Venceslas

Les murs de la plus belle des chapelles latérales sont revêtus de panneaux dorés garnis de dalles de pierres polies semi-précieuses. Des fresques du début du XVIe siècle représentent des scènes de la vie du saint patron des Tchèques, tandis que des peintures murales illustrent la vie du Christ. Côté sud, une porte fermée par sept verrous mène à la salle où sont conservés les joyaux de la Couronne de Bohême.

★ À savoir

- Faites de la cathédrale Saint-Guy votre première visite du matin, quand l'affluence est moindre.
- L'accès à la cathédrale est inclus dans le billet pour le château de Prague (p. 36).
- Pour une vue spectaculaire, gravissez les escaliers de la tour de la cathédrale. Cet accès n'est pas inclus dans les circuits du château.

✕ Une petite pause ?

Avant d'affronter la foule, rien de tel qu'une tasse de thé au jasmin ou un repas vietnamien léger au **Malý Buddha** (p. 51), en dehors du château, à quelques pas de l'entrée principale.

Les incontournables

S'imprégner de la beauté baroque de la Loreta

Le sanctuaire Notre-Dame-de-Lorette, appelé Loreta, est une église emblématique de la Contre-Réforme, fondée par Catherine de Lobkowicz en 1626. C'est un lieu de pèlerinage, axé sur une réplique de la Santa Casa de Loreto en Italie – selon la légende, les Anges auraient transporté la résidence de la Vierge de Nazareth jusqu'à Loreto pour la protéger de l'avancée des Turcs.

PLAN P. 46, B3

loreta.cz

Loretánské náměstí 7

Tarif plein/senior/étudiant/6-15 ans 210/160/130/100 Kč

22, 23

Santa Casa

La réplique de la Sainte Maison se dresse au centre d'un beau cloître baroque (remarquables fresques sous les arcades), agrémenté de deux majestueuses fontaines. Le pourtour du cloître arbore des bas-reliefs illustrant la vie de la Vierge, ainsi qu'un autel en argent ouvragé, doté d'une effigie en bois de Notre-Dame-de-Lorette.

Soleil de Prague

L'éblouissant trésor de Notre-Dame-de-Lorette a pour pièce maîtresse cet ostensoir époustouflant serti de 6 222 diamants, don de la comtesse Ludmila de Kolowrat au sanctuaire. Par testament, elle indiqua que l'objet devrait être réalisé à partir de sa collection personnelle de diamants, cadeaux de mariage de son troisième époux.

Église de la Nativité de Notre-Seigneur

Derrière le sanctuaire se dresse l'église baroque de la Nativité (Kostel Narození Páně), bâtie en 1737 selon les plans de Kristof Dientzenhofer. Elle renferme les corps momifiés des saintes espagnoles Felicissima et Marcia, richement habillées et portant des masques de cire.

La femme à barbe

À l'angle de la cour se dresse la chapelle de Notre-Dame-des-Douleurs (Kaple Panny Marie Bolestné), dotée d'une statue de sainte barbue. Sainte Starosta, pieuse fille d'un roi portugais, fut promise contre son gré au roi de Sicile. Après une nuit de prières destinées à empêcher cette union, elle se réveilla le visage couvert de barbe. Furieux, son père la fit crucifier. Elle devint plus tard la patronne des nécessiteux et des malheureux.

★ À savoir

- La location d'un audioguide, disponible en plusieurs langues, vaut le coup.
- Pour prendre des photos (flash et trépied interdits), il faut s'acquitter d'un permis de 100 Kč.
- Le clocher abrite un carillon de 27 clochettes qui jouent un hymne à la Vierge toutes les heures de 9h à 18h.

Une petite pause ?

Pour prendre un verre dans les environs, une seule adresse : le **Hostinec U Černého Vola** (p. 51), en face de la Loreta.

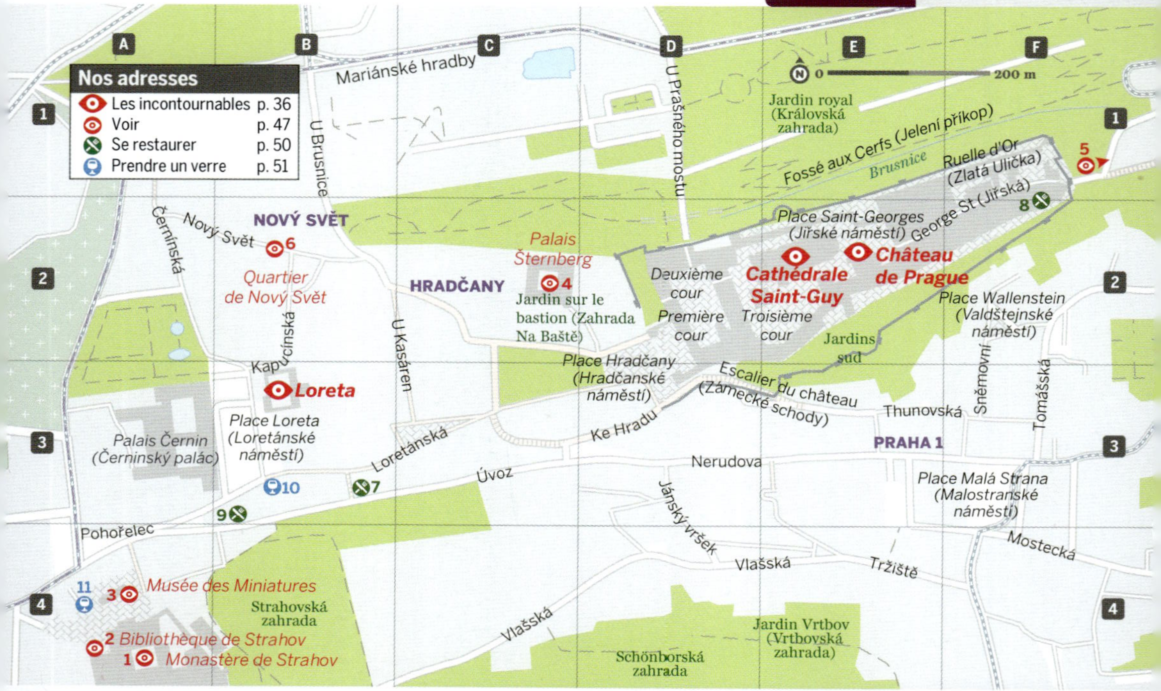
Nos adresses
Les incontournables p. 36
Voir p. 47
Se restaurer p. 50
Prendre un verre p. 51
A
B
C
D
E
F
1
2
3
4
0
200 m
Mariánské hradby
U Brusnice
U Prašného mostu
Jardin royal (Královská zahrada)
Fossé aux Cerfs (Jelení příkop)
Brusnice
Ruelle d'Or (Zlatá Ulička)
5
8
George St (Jiřská)
Place Saint-Georges (Jiřské náměstí)
Château de Prague
Cathédrale Saint-Guy
Deuxième cour
Première cour
Troisième cour
Jardins sud
Place Wallenstein (Valdštejnské náměstí)
NOVÝ SVĚT
Nový Svět
6
Quartier de Nový Svět
Černínská
Palais Šternberg
4
Jardin sur le bastion (Zahrada Na Baště)
HRADČANY
U Kasáren
Kapucínská
Loreta
Place Loreta (Loretánské náměstí)
Palais Černin (Černinský palác)
Place Hradčany (Hradčanské náměstí)
Escalier du château (Zámecké schody)
Thunovská
Sněmovní
Tomášská
Ke Hradu
Loretánská
PRAHA 1
10
7
9
Úvoz
Nerudova
Place Malá Strana (Malostranské náměstí)
Pohořelec
Jánský vršek
Vlašská
Tržiště
Mostecká
11
3
Musée des Miniatures
Strahovská zahrada
2
Bibliothèque de Strahov
1
Monastère de Strahov
Jardin Vrtbov (Vrtbovská zahrada)
Schönborská zahrada

Voir

Monastère de Strahov

ENSEMBLE RELIGIEUX

1 PLAN P. 46, A4

Le monastère de Strahov fut fondé en 1140 par Vladislav II pour l'ordre des Prémontrés. L'ensemble actuel date des XVIIe et XVIIIe siècles. Fermé sous le régime communiste (la plupart des moines furent alors emprisonnés), le monastère a repris vie avec le retour des frères en 1990. L'élément le plus intéressant est la magnifique bibliothèque de Strahov (p. 47).

Une fois franchie la porte principale, on accède à l'**église Saint-Roch** (kostel sv Rocha), construite en 1612 et reconvertie en galerie d'art, et à l'**église Notre-Dame-de-l'Assomption** (kostel Nanebevzetí Panny Marie), bâtie en 1143 et remaniée au XVIIIe siècle dans le style baroque.

Mozart y aurait joué de l'orgue. (Strahovské nádvoří 1 ; strahovskyklaster.cz/en)

Bibliothèque de Strahov

ÉDIFICE HISTORIQUE

2 PLAN P. 46, A4

La plus vaste bibliothèque monastique du pays se compose de deux magnifiques salles baroques des XVIIe et XVIIIe siècles. Vous pourrez jeter un œil à travers les portes, mais malheureusement plus pénétrer à l'intérieur – les variations d'humidité dues à la respiration des visiteurs endommageraient les fresques.

Monastère de Strahov

DALIU/SHUTTERSTOCK ©

Le bon “roi” Venceslas

En 1853, le prêtre britannique John Mason Neale composa le célèbre chant de Noël *Le Bon Roi Venceslas* en 1853. Il semble avoir été inspiré par l'histoire d'un page et de son maître qui, bravant le froid, portèrent nourriture et bois de chauffe aux pauvres un jour de Noël.

Toutefois, Neale se trompa car Venceslas (Václav en tchèque) ne fut jamais roi, mais duc de Bohême. Il contribua à diffuser le christianisme sur le territoire tchèque de 925 à 929. Aujourd'hui saint patron des Tchèques, son image est omniprésente dans la capitale, de la cathédrale Saint-Guy à la statue de Venceslas, sur la place du même nom.

Sa conversion au christianisme aurait suscité le courroux de sa mère et de son frère, Boleslav, qui finit par tuer le jeune duc dans un accès de jalousie.

Également une exposition de curiosités historiques.

Haute de deux étages, la **salle de Philosophie** (Filozofický sál ; 1780-1797), richement décorée, fut construite sur mesure pour les immenses étagères en noyer doré rescapées d'un autre monastère du sud de la Bohême (accès à la galerie supérieure par des escaliers en colimaçon dissimulés dans les coins). L'impression de hauteur est accentuée par la fresque qui orne le plafond et représente la quête de sagesse de l'humanité : la Divine Providence, assise sur son trône, est enveloppée d'un halo doré, tandis que sur les côtés, on reconnaît des personnages aussi divers qu'Adam et Ève ou les philosophes grecs.

À l'extérieur de la salle, le vestibule comporte un **cabinet de curiosités** du XVIIIe siècle qui présente des restes de requins, de raies, de tortues et autres créatures marines, si desséchés qu'ils en deviennent grotesques. Ces dépouilles étaient écorchées et éviscérées par des marins qui les présentaient comme des “monstres” aux crédules. Sur la table à droite de l'entrée, à côté d'une défense de narval, on découvre deux choses longues, brunes et tannées – des pénis de baleine plutôt bien conservés. À côté de la porte menant au couloir, une autre vitrine contient des artefacts historiques comme un service à café miniature, tenant dans quatre faux livres : il fut fabriqué en 1813 pour l'impératrice Marie-Louise de Habsbourg.

En face, la **Xylothèque** (1825) abrite un ensemble de boîtes semblables à des livres. Chacune est faite du bois et de l'écorce de l'arbre qu'elle décrit et recèle des échantillons de feuilles, de racines, de fleurs et de fruits. En entrant dans le couloir, regardez à gauche le fac-similé de la plus précieuse possession de la bibliothèque, l'**Évangéliaire de Strahov**, un codex du IXe siècle, avec sa couverture du XIIe siècle sertie de pierres précieuses.

Le couloir mène à la **salle de Théologie** (Teologiský sál ; 1679), plus ancienne mais plus belle encore. Le plafond, bas et incurvé, est couvert d'un épais stuc aux ornementations baroques et est décoré de cartouches sculptés sur le thème de la "Vraie Sagesse" – acquise bien sûr à force de piété. L'un des thèmes que l'on retrouve sur le plafond est d'ailleurs *initio sapientiae timor domini* (la sagesse commence dans la crainte de Dieu). (Strahovské nádvoří 1 ; strahovskyklaster.cz ; tarif plein/réduit 150/80 Kč)

Musée des Miniatures INSOLITE

3 PLAN P. 46, A4

Anatoly Konenko fabriquait autrefois des instruments de microchirurgie. Mais durant son temps libre, il a passé plus de sept ans à concevoir des fers en or pour… une puce.

Ce musée expose ses étranges créations, dont un tableau de Matisse miniature et une caravane de chameaux logée dans le chas d'une aiguille. (Strahovské nádvoří 11 ; muzeumminiatur.cz ; tarif plein/réduit 130/70 Kč)

Salle de Théologie

Palais Šternberg MUSÉE

4 PLAN P. 46, C2

Ce palais baroque rassemble la collection d'art européen de la Galerie nationale allant de l'Antiquité gréco-romaine au XVIIIe siècle. Celle-ci comprend notamment des œuvres de Bruegel, Rembrandt et Goya, ainsi que de nombreux retables médiévaux et une collection miniature de Bohême.

Le musée a pour fleuron la *Célébration du Rosaire* (1505) d'Albrecht Dürer (1471-1528). Peinte à Venise pour l'église San Bartolomeo, cette huile sur bois fut apportée à Prague par Rodolphe II. L'artiste s'est représenté en arrière-plan, sous un arbre à droite. (Hradčanské náměstí 15 ; ngprague.cz ; billet combiné de la Galerie nationale 540 Kč, billet simple tarif plein/-16 ans 180 Kč/gratuit)

Kunsthalle GALERIE

5 PLAN P. 46, F1

Près du château de Prague, cet espace artistique polyvalent et flambant neuf est le dernier grand venu des milieux artistiques pragois. Installée dans l'ancienne sous-station électrique Zenger (monument classé), la Kunsthalle comporte des galeries, un bistrot et une boutique. Elle accueille des expositions temporaires, souvent avec une touche contemporaine. Ouverte en 2022, elle compte déjà à son actif quelques événements internationalement reconnus. Consultez le site pour connaître la programmation. (Klárov 5 ; www.kunsthallepraha.org ; tarif plein/réduit 180/120 Kč)

Quartier de Nový Svět QUARTIER

6 PLAN P. 46, B2

Au XVIe siècle, des maisons furent construites pour le personnel du château dans une enclave de rues pavées serpentant au pied de la colline, au nord de la Loreta. Aujourd'hui, ces toutes petites maisons ont été restaurées et peintes dans des tons pastel, faisant du quartier du "Nouveau Monde" une solution parfaite pour éviter la ruelle d'Or du château souvent bondée. L'astronome danois Tycho Brahe vécut au 1 Nový Svět.

Se restaurer

hOST INTERNATIONAL €€

7 PLAN P. 46, B3

Dissimulé au bas d'une volée de marches entre Úvoz et Loretánská, hOST comporte une salle au style épuré, décorée de vieilles photographies monochromes et ouverte sur une terrasse à la vue impressionnante. Le personnel vous aide à faire votre choix dans la carte éclectique, entre jarret d'agneau braisé, magret de canard mariné aux herbes et plats tchèques revisités. (Loretánská 15 ; restauranthost.cz)

Lobkowicz Palace Café CAFÉ €€

8 PLAN P. 46, F2

Ce café installé dans le palais Lobkowicz (XVIe siècle, voir p. 40) est de loin la meilleure adresse dans l'enceinte du château. Tâchez d'obtenir une table au balcon à l'arrière – la vue sur la ville est à ravir, tout comme le goulasch et le café. Service rapide et avenant. (Jiřská 3 ; lobkowicz.cz)

Malý Buddha ASIATIQUE €

9 PLAN P. 46, B3

Des bougies, de l'encens et un sanctuaire bouddhique agrémentent ce salon de thé asiatique intimiste et inattendu, en face de l'ambassade de Suède. La carte annonce un mélange d'influences asiatiques, avec d'authentiques soupes vietnamiennes, currys indiens et riz chinois ; beaucoup de plats sont végétariens. L'endroit dégage une atmosphère assez nineties, mais dans le bon sens du terme. (Úvoz 46 ; malybuddha.cz)

Prendre un verre

Hostinec U Černého Vola PUB

10 PLAN. 46, B3

La survie de ce pub tchèque sans fioritures tient autant du miracle que la présence du sanctuaire Notre-Dame-de-Lorette juste en face. Ce lieu un peu négligé est parfait pour retrouver l'atmosphère hédoniste de la fin des années 1980 et du début des années 1990 avec d'excellentes bières, une foule bruyante en soirée, des inconnus qui se prennent dans les bras, des saucisses au vinaigre bon marché et un café turc épargné par l'inflation. (Loretánské náměstí 1)

Klášterní Pivovar Strahov BRASSERIE

11 PLAN P. 46, A4

Orné de deux imposantes chaudières à houblonner, ce petit bar convivial dans le monastère de Strahov propose au moins trois ou quatre des sept bières qu'il confectionne sous la marque St Norbert. Les deux meilleures sont : la *tmavý* (brune), une bière puissante avec faux col mousseux, et la *polotmavý* (ambrée), au goût de houblon plus prononcé. La bière figure souvent parmi les ingrédients des plats, un peu onéreux. (brasserie du monastère de Strahov ; Strahovské nádvoří 301 ; klasterni-pivovar.cz)

Explorer

Malá Strana et colline de Petřín

Dédale pittoresque de rues pavées, le quartier baroque de Malá Strana ("Petit Côté") occupe le flanc de colline qui sépare le château de Prague de la Vltava. Le cœur du quartier est la place Malá Strana (Malostranské náměstí), la place principale, que domine la coupole verte de l'église Saint-Nicolas. La colline de Petřín, grand parc dans lequel se dresse une réplique de la tour Eiffel, se trouve au sud de la place.

Notre sélection

- ***Colline de Petřín (p. 54)*** *Face au château, cette colline boisée s'enorgueillit de nombreux sites et offre une échappée plaisante, à l'écart de la cohue touristique.*
- ***Jardins de Malá Strana (p. 56)*** *Ces jardins secrets sont une oasis de détente criblée de beautés baroques.*
- ***Église Saint-Nicolas (p. 59)*** *L'une des plus belles églises baroques d'Europe domine l'extrémité est de la place Malá Strana.*
- ***Nerudova (p. 59)*** *Bordée de palais et de hautes maisons baroques, cette rue sinueuse fait partie de la voie royale et grimpe jusqu'au château.*

Comment y aller et circuler

🚋 12, 15, 20, 22 ou 23 jusqu'à Malostranské náměstí, jusqu'à Hellichova ou jusqu'à Újezd.

Ⓜ Station la plus proche, Malostranská, sur la ligne A.

Plan de Malá Strana et colline de Petřín p. 58

Mala Strana (p. 56) V_E/SHUTTERSTOCK ©

Les incontournables

Gravir la colline de Petřín

Cette colline de 318 m est l'un des plus vastes espaces verts de la capitale. La vue depuis la plateforme d'observation de la tour panoramique est spectaculaire. Le site comportait jadis des vignes et une carrière dont furent extraites les pierres ayant servi à la construction de la plupart des monuments romans et gothiques de Prague. Prenez le funiculaire : l'ascension rend la visite encore plus pittoresque.

PLAN P. 58, B3

24h/24

Nebozízek, Petřín

Funiculaire de Petřín

Inauguré en 1891 pour l'Exposition universelle, le **funiculaire** (Újezd ; dpp.cz ; 60 Kč) circule toutes les 15 minutes d'Újezd à la tour panoramique de Petřín, et marque un arrêt à Nebozízek.

Mémorial aux victimes du communisme

Près de la station basse du funiculaire, le saisissant **Mémorial aux victimes du communisme** montre sept hommes qui, sur les différents degrés d'un escalier, se désintègrent progressivement. Une bande métallique dénombre les victimes du communisme : 205 486 personnes arrêtées, 170 938 exilés, 248 exécutés, 4 500 morts en prison et 327 citoyens abattus en tentant de franchir la frontière.

Tour d'observation de Petřín

Haute d'environ 60 m, cette **tour** (Petřínské sady ; www.muzeumprahy.cz prague.eu/en/the-towers-of-prague ; tarif plein/réduit 150/100 Kč), édifiée en 1891 sur le modèle de la tour Eiffel, offre une vue magnifique sur la ville et, par temps clair, sur les forêts de la Bohême centrale. La tour compte 299 marches – mais comporte un ascenseur.

Labyrinthe des Glaces

Au pied de la tour panoramique, le **labyrinthe des Glaces** (Petřínské sady ; www.muzeumprahy.cz prague.eu ; tarif plein/réduit 100/80 Kč) date également de 1891. Outre ce dédale de miroirs déformants (très apprécié des enfants), figure un **diorama** de la bataille qui opposa les Pragois aux Suédois sur le pont Charles en 1648.

★ À savoir

- Avant de gravir la colline de Petřín, achetez de quoi pique-niquer : de nombreux bancs et espaces où poser une couverture vous attendent.
- Gravir la colline à pied est une agréable solution.
- De nuit, le funiculaire offre une superbe vue sur la ville illuminée.
- Plutôt que d'emprunter le funiculaire pour redescendre, traversez le parc en direction du nord et du monastère de Strahov (p. 47).

✕ Une petite pause ?

Situé à mi-hauteur du trajet du funiculaire, le restaurant **Nebozízek** (Petřínské sady 411 ; nebozizek.cz) est aussi accessible à pied. La vue depuis sa terrasse récompense bien l'effort de la montée.

Le **Café Savoy** (p. 61) est parfait pour un café ou un déjeuner léger.

Promenade à pied

Jardins de Malá Strana

Les aristocrates qui habitaient Malá Strana aux XVIIe et XVIIIe siècles créèrent de magnifiques jardins, dont beaucoup sont ouverts au public. D'avril à octobre, dès que le soleil brille, ces parcs se peuplent de Pragois venus se détendre à la pause de midi. Attention : de nombreux parcs sont fermés de novembre à mars.

Départ Jardins palatiaux sous le château de Prague, M Malostranská

Arrivée Jardin Vrtbov, M Malostranská

Distance et durée 2,5 km, 2 heures

❶ Les jardins palatiaux sous le château de Prague

Ces jolis **jardins** (palacove-zahrady.cz ; tarif plein/réduit/enfant 140/110/40 Kč) en terrasses s'étagent le long de pentes abruptes, en contrebas du château. Ils furent aménagés aux XVIIe et XVIIIe siècles. Restaurés dans les années 1990, ils se distinguent par une loggia Renaissance décorée de fresques pompéiennes et un portail baroque dont le cadran solaire capte la lumière du soleil, que reflète l'eau d'une fontaine ornée d'un triton.

❷ Le jardin Wallenstein

Créé pour le duc Albrecht de Wallenstein au XVIIe siècle, ce **jardin** (Lentenská 10 ; entrée libre), dans l'enceinte du Sénat, est un havre de paix au milieu de l'agitation des rues de Malá Strana. Son plus bel élément, l'immense loggia décorée de scènes de la guerre de Troie, est flanqué d'une grotte aux stalactites artificielles aux parois sculptées de visages grotesques.

❸ Les jardins Vojan

Moins bichonnés que les autres parcs de Malá Strana, les **jardins Vojan** (U Lužického semináře ; entrée libre) ont la faveur des habitants qui viennent s'y aérer ou y faire la fête en été.

❹ Une fontaine atypique

Sur la place devant le musée Franz Kafka, les flashs crépitent autour de **Proudy** ("jet" ; 2004). Cette sculpture décalée de l'artiste David Černý (www.davidcerny.cz) représente deux hommes urinant dans une flaque qui a la forme de la République tchèque.

❺ L'île Kampa

Île bordée par la Vltava et le Čertovka (ruisseau du Diable), Kampa est la partie la plus paisible et pittoresque de Malá Strana. Ce parc arboré, au bord de l'eau, est l'un des lieux de détente favoris des Pragois. Il sert aussi de cadre à de nombreux événements.

❻ Mur John Lennon

John Lennon, assassiné en 1980, devint un héros pacifiste pour la jeunesse tchèque. Un **mur** (Velkopřevorské náměstí), sur une place retirée face à l'ambassade de France, fut orné d'un portrait de l'artiste accompagné de messages politiques contre le pouvoir. En 2022, il a été repeint et orné d'un immense miroir à selfie, financé par l'UE.

❼ Le jardin Vrtbov

Caché le long d'une ruelle à l'angle de Tržiště et de Karmelitská, le **jardin Vrtbov** (Karmelitská 25 ; vrtbovska.cz ; tarif plein/réduit 120/95 Kč), jardin baroque de style italien, fut conçu en 1720 pour le comte de Vrtba, grand chancelier du château de Prague. Il s'étage sur le versant d'une colline jusqu'à une terrasse ornée de statues de Matthias Braun représentant des divinités romaines.

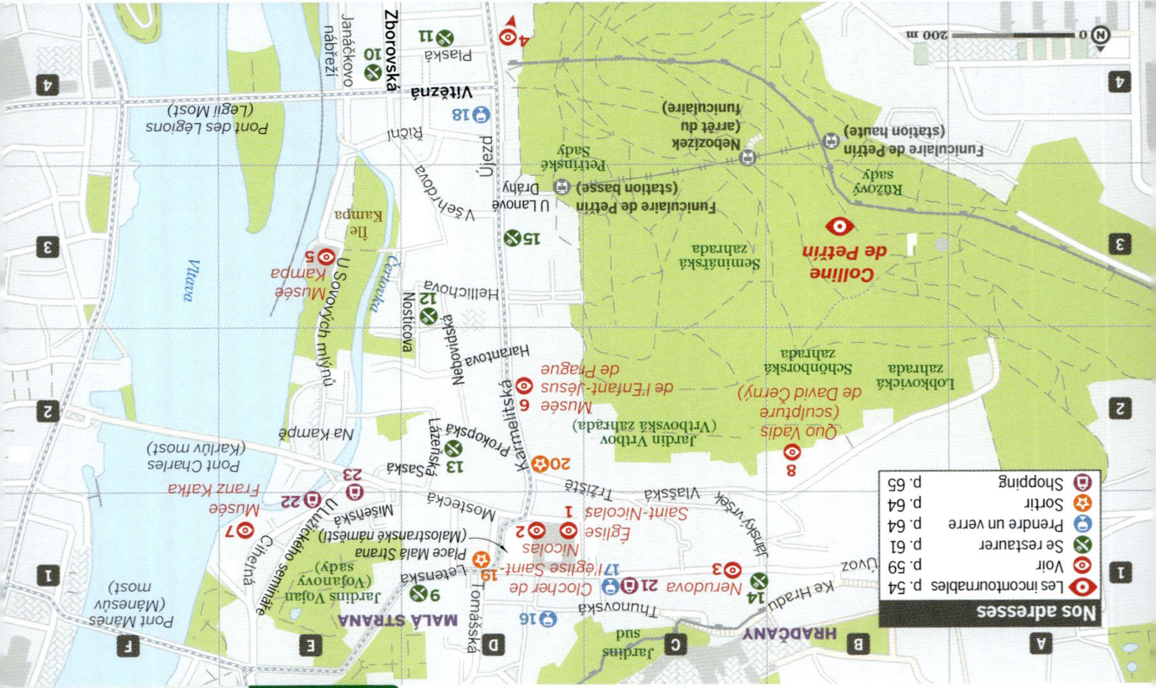
Nos adresses
Les incontournables p. 54
Voir p. 59
Se restaurer p. 61
Prendre un verre p. 64
Sortir p. 64
Shopping p. 65
HRADČANY
MALÁ STRANA
Colline de Petřín
Quo Vadis (sculpture de David Černý)
Musée de l'Enfant-Jésus de Prague
Église Saint-Nicolas
Clocher de l'église Saint-Nicolas
Nerudova
Musée Franz Kafka
Musée Kampa
Place Malá Strana (Malostranské náměstí)
Jardins Vojan (Vojanovy sady)
Jardin Vrtbov (Vrtbovská zahrada)
Jardins sud
Lobkovická zahrada
Schönborská zahrada
Seminářská zahrada
Růžový sady
Petřínské Sady
Funiculaire de Petřín (station basse)
Funiculaire de Petřín (station haute)
Nebozízek (arrêt du funiculaire)
Pont Mánes (Mánesův most)
Pont Charles (Karlův most)
Pont des Légions (Legií Most)
Vltava
Čertovka
Île Kampa
Ke Hradu
Úvoz
Jánský vršek
Vlašská
Tržiště
Thunovská
Tomášská
Letenská
Mostecká
Mišeňská
U Lužického semináře
Cihelná
Saská
Lázeňská
Prokopská
Karmelitská
Nebovidská
Harantova
Hellichova
Nosticova
Na Kampě
U Sovových mlýnů
Všehrdova
Říční
Újezd
U Lanové Dráhy
Vítězná
Plaská
Zborovská
Janáčkovo nábřeží
200 m

Voir

Église Saint-Nicolas

ÉGLISE

1 PLAN P. 58, D1

Le quartier de Malá Strana est dominé par l'imposant dôme vert de l'église Saint-Nicolas, fleuron du baroque pragois (à ne pas confondre avec l'église du même nom située place de la Vieille Ville).

Au plafond se déploie l'*Apothéose de saint Nicolas* (1770), la plus grande fresque d'Europe, dont les motifs en trompe-l'œil se confondent avec l'architecture. Mozart lui-même joua sur les orgues (1787), dotées de 2 500 tuyaux, et y eut les honneurs d'une messe de requiem le 14 décembre 1791. (Malostranské náměstí 38 ; stnicholas.cz ; tarif plein/réduit 100/60 Kč)

Clocher de l'église Saint-Nicolas

TOUR

2 PLAN P. 58, D1

À l'époque soviétique, le clocher de l'église Saint-Nicolas fut utilisé pour espionner l'ambassade américaine voisine. En montant, on peut d'ailleurs voir un urinoir en fonte, destiné aux espions. Aujourd'hui, il offre aux visiteurs une superbe vue sur Malá Strana et le pont Charles. (Malostranské náměstí ; prague.eu ; tarif plein/réduit 150/100 Kč)

Nerudova

RUE

3 PLAN P. 58, C1

En suivant le flux des touristes qui descendent du château par Ke Hradu, vous déboucherez sur la rue Nerudova, l'artère

L'église Saint-Nicolas

majeure de Malá Strana sur le plan architectural, dont la plupart des façades Renaissance furent revisitées à la mode baroque au XVIIIe siècle. Elle porte le nom de l'écrivain et poète tchèque Jan Neruda (1834-1891 ; auteur du recueil de nouvelles *Les Contes de Malá Strana*), qui vécut dans la **Maison aux Deux Soleils** (dům U dvou slunců ; N°47) de 1845 à 1857.

Musée ethnographique MUSÉE

4 PLAN P. 58, D4

C'est l'un des musées les moins visités de Prague, mais il ravira les amateurs de folklore slave. Ce pavillon d'été accueille la collection ethnographique du Musée national rassemblant des pièces relatives à la culture populaire tchèque, telles que costumes, instruments, de musique, objets artisanaux et outils agricoles. Y sont aussi organisés des concerts de musique folklorique et des ateliers de démonstration d'artisanat.

En été, le café dans le jardin est un véritable havre de paix. (Kinského zahrada 98 ; nm.cz ; tarif plein/réduit 40/30 Kč)

Musée Kampa ART DU XXe SIÈCLE

5 PLAN P. 58, E3

Aménagé dans un ancien moulin, ce musée est consacré à l'art du XXe siècle et à l'art contemporain d'Europe centrale.

Vous pourrez y voir une vaste collection de bronzes du sculpteur cubiste Otto Gutfreund ainsi que des peintures de František Kupka, dont *La Cathédrale*, un ensemble fragmenté de quadrilatères bleu et rouge. Le musée accueille aussi des expositions de haut vol. (Muzeum Kampa ; U Sovových mlýnů 2 ; museumkampa.cz ; tarif plein/réduit 190/100 Kč)

Musée de l'Enfant-Jésus de Prague MUSÉE, ÉGLISE

6 PLAN P. 58, D2

L'église baroque **Notre-Dame-de-la-Victoire** (kostel Panny Marie Vítězné), bâtie en 1613, porte sur son maître-autel une représentation en bois et en cire de l'Enfant Jésus haute de 47 cm, datant du XVIe siècle et rapportée d'Espagne en 1628. Connue sous le nom d'**Enfant-Jésus de Prague** (Pražské Jezulátko), elle aurait sauvé la ville de la peste et des destructions de la guerre de Trente Ans. À l'arrière de l'église, un musée expose des costumes avec lesquels la statue est vêtue. (Karmelitská 9 ; pragjesu.cz/en ; entrée libre)

Musée Franz Kafka MUSÉE

7 PLAN P. 58, E1

Cette exposition consacrée à la vie et à l'œuvre du plus célèbre des écrivains pragois met en lumière sa relation intime avec la ville qui l'a façonné, à travers des lettres, photos, journaux et publications d'époque, ainsi que des installations audio et vidéo. (Cihelná 2b ; kafkamuseum.cz ; tarif plein/réduit 260/170 Kč)

Les noms des maisons

Avant que la numérotation des rues n'apparaisse au XVIIIe siècle, les maisons se distinguaient par des noms et des enseignes originaux. Cette pratique fut abolie en 1770 par les autorités de la ville.

Avec sa multitude d'enseignes, **Nerudova** (p. 59) en est l'exemple le plus emblématique. En descendant cette rue, vous remarquerez : "Aux Deux Soleils" (n°47), le "Fer à Cheval Doré" (n°34), "Aux Trois Petits Violons" (n°12), "À l'Aigle Rouge" (n°6), le "Diable" (n°4), "Saint Venceslas à Cheval" (n°34), la "Clef Dorée" (n°27) et le "Gobelet d'Or" (n°16).

Quo Vadis

MONUMENT

8 PLAN P. 58, B2

Cette Trabant (voiture qui était produite en Allemagne de l'Est), en bronze, juchée sur quatre jambes est un hommage de David Černý aux 4 000 Allemands de l'Est qui occupèrent le jardin de l'ambassade d'Allemagne de l'Ouest en 1989, avant de se voir accorder l'asile politique et de laisser leurs Trabant derrière eux. On peut la voir à travers la clôture derrière l'ambassade d'Allemagne. Montez Vlašská, tournez à gauche dans le parc pour enfants et de nouveau à gauche. (Vlašská 19 ; www.davidcerny.cz)

Se restaurer

Augustine

INTERNATIONAL €€€

9 PLAN P. 58, D1

Niché au cœur de l'illustre hôtel Augustine (admirez la fresque qui orne le plafond du bar), ce restaurant à la fois sophistiqué et décontracté est un très bon choix pour les grandes occasions. La carte met les produits tchèques à l'honneur et affiche des plats simples mais délicieux, comme l'agneau braisé accompagné de purée à la truffe. Réservation conseillée le soir. (Letenská 12 ; augustine-restaurant.cz)

Café Savoy

EUROPÉEN €€

10 PLAN P. 58, D4

Café Belle Époque bien restauré, le Savoy propose des plats aux influences viennoises – soupes, salades, viandes rôties, strudel et escalopes de veau – servis par un personnel élégant. C'est aussi une bonne adresse où déguster un café et un strudel au retour de Petřín, sans oublier la carte des vins, fort bien garnie (demandez conseil auprès du personnel). (Vítězná 5 ; cafesavoy.ambi.cz)

Ichnusa Botega Bistro

SARDE €€

11 PLAN P. 58, D4

L'Ichnusa est l'ancien nom de la Sardaigne d'où Antonella

Restez dans le vert

Prague est une ville très boisée, avec de nombreux parcs et jardins. Certains ressemblent même davantage à des coins de campagne qu'à des parcs citadins.

Malá Strana est la zone réputée la plus verte du centre-ville.

Voici mes cinq espaces verts favoris dans ce quartier attachant :

Valdštejnská zahrada Calme, baroque, avec des carpes et une vue imprenable sur le *hrad* (château de Prague).

Nosticova zahrada Réfugiez-vous dans ce petit jardin de Notiscova par une chaude journée d'été. Paix intérieure garantie !

Velká strahovská zahrada La partie supérieure du parc offre une vue de la ville des plus spectaculaires.

Colline de Petřín (p. 54) Ici, l'ambiance et les couleurs changent au fil des saisons.

Vojanovy sady Joli jardin confidentiel près du pont Charles.

Recommandé par Stéphane Corbet, *propriétaire du magasin de souvenirs Orel & Friends sur Nerudova (www.orelandfriends.cz)*

Pranteddu fait venir la viande, le fromage et le vin servis dans son sympathique établissement familial, l'un des rares restaurants sardes en Europe de l'Est. Le menu annonce des plats exotiques comme les *malloreddus* (sorte de gnocchis), les *spaghetti alla bottarga* (spaghettis à la boutargue) et l'espadon grillé, mais (heureusement) pas de spécialités sardes à la viande d'âne. (Plaská 5 ; ichnusa.business.site)

U Modré Kachničky

TCHÈQUE **€€€**

12 PLAN P. 58, D3

Avec ses recoins éclairés aux bougies, "Au Caneton Bleu", pavillon de chasse chic de style années 1930 dans une petite rue calme, est un endroit agréablement désuet pour un dîner romantique. Les plats traditionnels de Bohême y sont à l'honneur, mais le chevreuil y est aussi chaudement recommandé, et il y a quelques options végétariennes. (Nebovidská 6 ; umodrekachnicky.cz)

Cukrkávalimonáda

INTERNATIONAL **€**

13 PLAN P. 58, D2

Ce charmant petit café-restaurant associe un décor moderne minimaliste à des plafonds Renaissance en bois peint. Il propose des pâtes fraîches maison, omelettes, ciabatta, salades et crêpes salées ou sucrées dans la journée, et une carte de bistrot un peu plus élaborée en début de soirée. La formule petit-déjeuner inclut jambon, œuf, croissants, yaourt et un chocolat chaud à se damner. (Lázeňská 7 ; cukrkavalimonada.com)

Vegan's Prague

VÉGÉTALIEN **€€**

14 PLAN P. 58, C1

Pour les végans venus explorer le château ou Malá Strana, ce restaurant propret, au 1er étage, est une aubaine. Sous de lourdes poutres Renaissance, régalez-vous de currys, burgers végétariens, chaussons aux fruits et spécialités tchèques revisitées sans produit laitier ni viande. Grand choix de thés, jus et cafés bio.

La minuscule terrasse avec une unique table jouit d'une vue fabuleuse sur le château, mais les candidats sont nombreux. (Nerudova 36 ; vegansprague.cz)

Luka Lu

BALKAN **€€**

15 PLAN P. 58, D3

Cet établissement tenu par des Slaves du Sud, et spécialisé dans les grillades des Balkans et autres mets de Serbie et d'ex-Yougoslavie, est peut-être le restaurant le plus haut en couleur de Prague. Décoré de teintes vives et de jolis bibelots, l'endroit a vu passer plus d'une star tchèque ! Une adresse plaisante pour un déjeuner, surtout en été lorsque la cour est ouverte. (Újezd 33 ; www.lukalu.cz)

U Modré Kachničky

La profondeur kafkaïenne

"Quelqu'un avait dû calomnier Josef K., car sans qu'il eût rien fait de mal, il fut arrêté un matin." La première phrase du livre de Franz Kafka, *Le Procès* (1925), est considérée comme l'un des plus brillants incipits de la littérature mondiale. Cette œuvre témoigne aussi de la nature déconcertante de Prague, et dans la ville natale de l'écrivain, on est facilement touché par son génie. On peut évidemment rendre hommage à Kafka en visitant la maison où il naquit ou en allant se recueillir sur sa tombe, mais les inconditionnels voudront peut-être explorer plus avant la relation complexe qu'il entretenait avec Prague, qu'il décrivait comme petite et oppressante mais aussi envoûtante. Pour eux, le musée Franz Kafka (p. 60) est vivement conseillé.

Prendre un verre

U Hrocha BRASSERIE

16 PLAN P. 58, D1

À deux pas de l'ambassade britannique, ce vieux bistrot de Malá Strana n'a guère changé depuis ses débuts, servant toujours son Urquell et ses plats basiques sur de simples bancs en bois. La clientèle se compose d'habitants du quartier, donc vous croiserez peut-être l'ambassadeur de Sa Majesté. (Thunovská 10)

Hostinec U Kocoura PUB

17 PLAN P. 58, C1

Typique de Malá Strana, ce restaurant, sur la voie royale, reste connu pour avoir été une des adresses favorites du défunt président Václav Havel. Aujourd'hui encore, bien qu'au cœur de la zone touristique, il attire une foule essentiellement tchèque (peut-être en raison de la rudesse du service !). Bière relativement bon marché pour le quartier. (Nerudova 2)

Klub Újezd BAR

18 PLAN P. 58, D4

L'un des nombreux bars "alternatifs" de Prague, réparti sur 3 étages (DJ dans la cave et café à l'étage), décoré de tableaux originaux et de sculptures atypiques en fer forgé. Dans la salle située au niveau de la rue, vous pourrez siroter un verre au-dessous d'un dragon marin. (Újezd 18 ; klubujezd.cz)

Sortir

Malostranská Beseda CONCERTS

19 PLAN P. 58, D1

Adresse légendaire de Prague, ce palais du divertissement se dresse sur 4 étages à Malá Strana, avec un club musical mythique au 2e étage (au programme, des artistes tchèques d'hier et d'aujourd'hui, célèbres ou amateurs). Il y a aussi une galerie d'art discrète au dernier étage, un bar-restaurant au rez-de-chaussée et une vaste brasserie au sous-sol. (Malostranské náměstí 21 ; malostranska-beseda.cz)

U Malého Glena
MUSIQUE LIVE

20 ✪ PLAN P. 58, D2

Bar-restaurant animé tenu de longue date par des expatriés américains, le "Petit Glen" programme tous les soirs des groupes de jazz et de blues locaux dans une cave voûtée en pierre surchauffée. Les amateurs peuvent participer au bœuf du dimanche soir (mais il faut être bon !). Le lieu est petit : mieux vaut venir tôt pour non seulement entendre les musiciens mais aussi les voir. (Karmelitská 23 ; malyglen.cz)

Shopping

Orel & Friends
ARTISANAT

21 PLAN P. 58, C1

Ici, pas de sucettes au cannabis ni de poupées russes : petite échoppe de Nerudova, Orel & Friends ne propose que des souvenirs authentiques et de qualité, fabriqués aux quatre coins du pays. Faites votre choix parmi les nappes *modrotisk* (imprimé bleu) classées à l'Unesco, les décorations de Noël en verre faites à la main, les carnets personnalisés par des artistes locaux et la céramique en pagaille.

Le propriétaire, français, a un faible pour les balises de randonnée tchèques et fabrique des objets ornés de ces traits que l'on retrouve sur les arbres et les barrières de tout le pays. (Nerudova 6 ; www.orelandfriends.cz)

Shakespeare & Sons
LIBRAIRIE

22 PLAN P. 58, E1

Si ses rayons débordent de littérature en anglais, français et allemand, cette boutique (qui recèle les meilleurs titres de Prague sur l'histoire de l'Europe de l'Est) n'est pas qu'une simple librairie – c'est aussi un véritable lieu de rencontres littéraires fréquenté par des auteurs et dont le personnel connaît son métier. Salon de lecture. (U Lužického semináře 10 ; shakes.cz)

Artěl
DESIGN

23 PLAN P. 58, E2

Dans la boutique de la créatrice américaine Karen Feldman, la cristallerie traditionnelle de Bohême rencontre la modernité. Les pièces design en cristal soufflé artisanal côtoient bijoux, céramiques, articles de papeterie et autres objets tchèques actuels ou vintage. (U Lužickeho semináře 7 ; artelglass.com)

Promenade à pied

Balade culturelle à Smíchov

À seulement 2 km au sud du château de Prague, Smíchov s'étire sur la rive gauche de la Vltava et montre un visage très différent de la capitale. Avec sa scène artistique dynamique et ses bars sans prétention, cet ancien quartier industriel offre une authentique tranche de vie tchèque, même si son identité évolue progressivement.

Départ Jazz Dock ; Arbesovo náměstí

Arrivée MeetFactory ; Lihovar

Distance et durée 6,3 km, 3 heures

❶ Jazz au bord de l'eau

Mangez un morceau au **Jazz Dock** (Janáčkovo nábřeží 2 ; jazzdock.cz), club de jazz bien connu à Smíchov, qui, contrairement aux autres clubs de jazz, offre un décor lumineux et moderne, avec vue sur la Vltava. Revenez pour un concert dans la soirée.

❷ Švandovo Divadlo Na Smíchově

Prenez vers le nord puis vers l'ouest, sur Vodní, pour gagner **Švandovo Divadlo** (Štefánikova 57 ; svandovodivadlo.cz ; billets 350-520 Kč). Ce cinéma populaire d'avant-garde propose de nombreux films sous-titrés en anglais. Il accueille aussi des concerts et des spectacles.

❸ Art contemporain

Longez Holečkova en direction du sud-ouest : vous voici à la **Futura Gallery** (Holečkova 49 ; futuraproject.cz ; sur don), où se trouve la célèbre et irrévérencieuse installation de David Černý, *Brown-nosers* (2003). Glissez votre tête dans le derrière d'une statue, pour voir la vidéo d'un homme en nourrissant un autre à la cuillère. Il s'agit d'acteurs portant les masques de Milan Knížák et Václav Klaus, ancien directeur de la Galerie nationale et ancien président tchèque.

❹ Cuisine tchèque

Continuez à présent vers le sud, puis vers l'est, pour boire un verre de Pilsner dans un agréable pub-restaurant nommé **Zlatý Klas** (Plzeňská 9 ; zlatyklas.cz). Cet endroit est très apprécié pour sa cuisine traditionnelle généreuse et sa bonne Pilsner Urquell, conservée dans de grandes citernes.

❺ Pub moderne

Plus à l'est, dans la même rue, **Andělský Pivovar** (Lidická 30 ; www.andelskypivovar.cz) contraste agréablement avec les pubs plus traditionnels de Smíchov. L'endroit, aéré et entièrement rénové, propose sa propre bière maison.

❻ Boire un verre au Bulldog

À deux pas de là, prenez un verre à l'**Hospoda U Buldoka** (Preslova 1 ; ubuldoka.cz), un café sportif classique où flotte une forme d'ivrognerie décadente.

❼ Brasserie authentique

Sur Nádražní, poursuivez vers le sud pour goûter la Staropramen produite à la brasserie de Prague. **Na Verandách** (Nádražní 84 ; phnaverandach.cz) se trouve sur le site de la brasserie ! La nourriture est également très bonne.

❽ MeetFactory

Longez Nádražní en direction du sud (prenez le tram et descendez à Lihovar) afin de vous rendre à la **MeetFactory** (Ke Sklárně 15 ; meetfactory.cz ; entrée libre), imaginée par l'artiste David Černý. Au programme : films, concerts et performances artistiques.

Klausová synagoga
Klausen Synagogue

Explorer

Musée juif de Prague et Josefov

Le paisible quartier de Josefov correspond à l'ancien ghetto juif. Durant près de 800 ans, ce fut le centre névralgique de la population juive de la ville, tant d'un point de vue physique que culturel et spirituel. De nombreux Juifs quittèrent le quartier lorsqu'il fut rénové au début du XXe siècle et des dizaines de milliers d'autres furent tués lors de l'Holocauste. Les synagogues et le cimetière qui sont demeurés constituent désormais le Musée juif de Prague.

Notre sélection

- ***Vieux Cimetière juif (p. 72)*** *Un lieu captivant, avec des pierres tombales effondrées et gravées d'inscriptions en hébreu.*
- ***Synagogue Vieille-Nouvelle (p. 75)*** *Associée à une myriade de mythes et légendes, c'est la plus ancienne synagogue encore en activité sur le continent.*
- ***Synagogue espagnole (p. 71)*** *La plus belle synagogue de Josefov abrite un musée.*
- ***Gurmet Pasáž Dlouhá (p. 81)*** *Des délices pour les papilles dans une vénérable galerie Art déco.*
- ***Couvent Sainte-Agnès (p. 75)*** *Magnifique collection d'œuvres du Moyen Âge et de la Renaissance.*

Comment y aller et circuler

Lignes 2, 17, 18 jusqu'à Staroměstská ; lignes 6, 8, 15, 26 jusqu'à Dlouhá třída.

M Ligne A jusqu'à Staroměstská.

Plan de Josefov et Musée juif de Prague p. 74

Synagogue Klaus (p. 71) TATIANA DIUVBANOVA/SHUTTERSTOCK ©

Les incontournables

Plonger dans l'histoire au Musée juif

Comptant parmi les sites les plus visités de la ville, ce musée fut fondé en 1906 pour conserver les objets sacrés du judaïsme après la destruction et la rénovation du quartier à la fin du XIXe et au début du XXe siècle. Le mémorial aux juifs tchèques et moraves tués durant l'Holocauste se trouve dans la synagogue Pinkas.

PLAN P. 74, B3

Židovské muzeum Praha

jewishmuseum.cz

Maiselova 15

Tarif plein/réduit 400/300 Kč, billet couplé Synagogue Vieille-Nouvelle 550/400 Kč

M Staroměstská

Synagogue Klaus et salle de cérémonie

La **synagogue Klaus** (www.jewishmuseum.cz)**, de style baroque, comme** la **salle de cérémonie** voisine proposent des expositions sur les traditions sanitaires et funéraires juives.

Synagogue Maisel

La **synagogue Maisel**, de style néogothique (1893-1905), remplace un édifice Renaissance construit en 1592 par Mordekhaï Maisel (1528-1601), financier philanthrope et dirigeant de la communauté juive de la ville sous le règne de l'empereur Rodolphe II. À l'intérieur, une exposition retrace l'histoire des Juifs de Bohême et de Moravie du Xe au XVIIIe siècle.

Synagogue Pinkas

Cette belle **synagogue**, bâtie en 1535, demeura en activité jusqu'en 1941. Après la Shoah, elle fut convertie en mémorial ; ses murs sont couverts des noms et des dates de naissance et de disparition de 77 297 Tchèques victimes de la barbarie nazie. Découvrez aussi une collection de dessins d'enfants détenus au camp de concentration de Terezín.

Synagogue espagnole

Considérée comme le plus beau bâtiment du musée, cette **synagogue** édifiée en 1868 dévoile un superbe intérieur mauresque. Son exposition raconte l'histoire des Juifs dans la République tchèque, de l'émancipation à nos jours.

★ À savoir

- En général, c'est à la synagogue espagnole que les files d'attente pour les billets sont les plus rapides.
- Visitez le Vieux Cimetière juif en début ou fin de journée, les moments où l'ambiance est la plus paisible.
- Les hommes doivent se couvrir la tête avant de pénétrer dans la synagogue Vieille-Nouvelle. Prévoyez un chapeau ou achetez une kippa en papier à l'entrée.

Une petite pause ?

Pour une bonne pinte de bière à proximité de la synagogue espagnole, cap sur le pub **V Kolkovně** (p. 79).

Les incontournables

Déambuler dans le Vieux Cimetière juif

L'entrée du Vieux Cimetière juif, plus ancien cimetière juif conservé d'Europe, se situe dans la synagogue Pinkas. Fondé au début du XVe siècle, il garde une atmosphère de recueillement malgré deux siècles d'abandon (il fut fermé en 1787). Environ 12 000 stèles se serrent (certaines issues de cimetières disparus), et quelque 100 000 tombes gisent en dessous. Le grand nombre de visiteurs peut perturber le silence.

PLAN P. 74, B3

Starý židovský hřbitov

jewishmuseum.cz

Synagogue Pinkas, Široká 3

Inclus dans le billet d'entrée du Musée juif

M Staroměstská

Tombe du rabbin Loew

Judah Loew ben Bezalel (1525-1609), grand rabbin de Bohême, était un érudit respecté, également connu sous le nom de Maharal (acronyme hébreu signifiant "notre enseignant, le rabbin Loew"). Son nom est associé à la légende entourant la création du golem, une créature qu'il aurait façonnée dans l'argile pour protéger le ghetto pragois.

Tombe de Mordeckaï Maisel

Ce philanthrope fortuné, haut responsable de la communauté juive de la ville au XVIe siècle, finança la construction de nouveaux édifices dans le ghetto, fit paver les routes et édifier la synagogue Maisel (voir p. 71) et accorda même un prêt à l'empereur Rodolphe II.

Tombe de David Gans

Historien et astronome allemand renommé, David Gans (1541-1613) se rendit notamment à Prague pour assister aux lectures du rabbin Loew et s'installa en ville en 1564. À la demande de l'astronome danois Tycho Brahe (1546-1601), il traduisit en allemand les tables alphonsines (commandées par Alphonse X, roi de Castille à la fin du XIIIe siècle), permettant de calculer la position du Soleil, de la Lune et des planètes.

Tombe de Joseph Solomon Delmedigo

Cet autre grand intellectuel juif (1591-1655), médecin et philosophe, repose aussi au Vieux Cimetière juif. Il étudia et travailla dans toute l'Europe avant de s'installer à Prague en 1648, où il rédigea divers textes scientifiques.

★ À savoir

- L'accès au cimetière est compris dans le prix du billet d'entrée au Musée juif.
- Mieux vaut arriver tôt, car la fréquentation du cimetière augmente au fil des heures.
- Respectez les lieux : vous êtes dans un cimetière, veillez à ne pas marcher sur les tombes.

Une petite pause ?

L'élégant **Mistral Café** (p. 79) se trouve à peu de distance du cimetière et constitue une bonne adresse pour un café ou un repas léger.

Également à proximité, **U Rudolfina** (Křižovnická 10 ; urudolfina.cz) est un pub sans prétention qui sert de bonnes bières, dont la Pilsner Urquell.

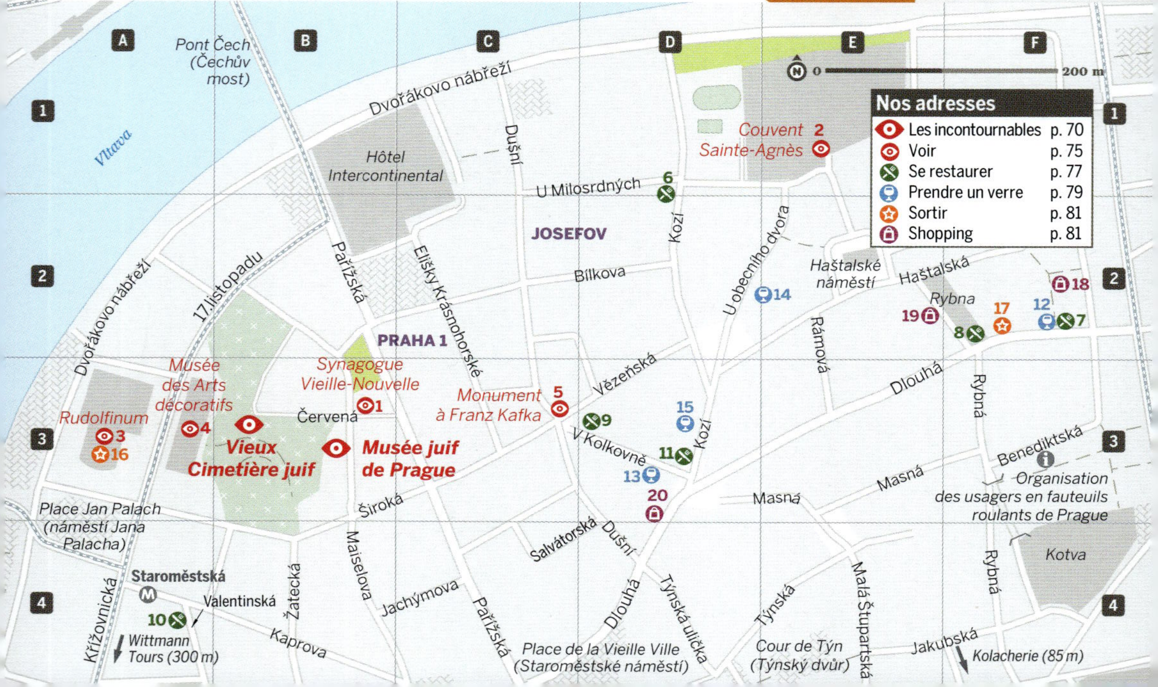
Nos adresses
Les incontournables p. 70
Voir p. 75
Se restaurer p. 77
Prendre un verre p. 79
Sortir p. 81
Shopping p. 81
0 200 m
A
B
C
D
E
F
1
2
3
4
Vltava
Pont Čech (Čechův most)
Dvořákovo nábřeží
Hôtel Intercontinental
Dušní
U Milosrdných
6
Kozí
Couvent Sainte-Agnès 2
JOSEFOV
Bílkova
U obecního dvora
14
Haštalské náměstí
Haštalská
Rybna
19
8
17
12
7
18
Rámová
Dlouhá
Rybná
PRAHA 1
Pařížská
Eliška Krásnohorské
17.listopadu
Dvořákovo nábřeží
Musée des Arts décoratifs
4
Rudolfinum
3
16
Synagogue Vieille-Nouvelle
1
Červená
Vieux Cimetière juif
Musée juif de Prague
Monument à Franz Kafka
5
Vězeňská
9
V Kolkovně
15
11
13
20
Masná
Benediktská
Organisation des usagers en fauteuils roulants de Prague
Kotva
Place Jan Palach (náměstí Jana Palacha)
Široká
Salvátorská
Dušní
Staroměstská
Valentinská
10
Wittmann Tours (300 m)
Křižovnická
Kaprova
Žatecká
Maiselova
Jachýmova
Pařížská
Dlouhá
Týnská ulička
Place de la Vieille Ville (Staroměstské náměstí)
Týnská
Cour de Týn (Týnský dvůr)
Malá Štupartská
Jakubská
Kolacherie (85 m)

Voir

Synagogue Vieille-Nouvelle SYNAGOGUE

1 PLAN P. 74, B3

Achevée vers 1270, c'est la plus vieille synagogue d'Europe encore en activité et l'un des premiers édifices gothiques de Prague. Il faut descendre pour y pénétrer, car elle est antérieure au rehaussement de Staré Město, effectué au Moyen Âge pour parer aux inondations. Les hommes doivent avoir la tête couverte (des kippas en papier sont distribuées à l'entrée). Le billet ordinaire du Musée juif de Prague ne comprend pas cette synagogue. Il vous faudra acheter un billet à part, ou prendre le circuit complet. Un hall d'entrée, une salle de prière d'hiver et la salle réservée aux femmes entourent la salle centrale, où seuls les hommes participent aux offices. L'intérieur, avec une chaire entourée d'une grille en fer forgé du XVe siècle, n'a guère changé depuis 500 ans. Sur le mur est, les rouleaux de la Torah sont conservés dans l'Arche sacrée. Dans une vitrine au fond de la salle, de petites ampoules sont associées aux noms de défunts éminents et sont éclairées le jour de leur mort. (Červená 2 ; jewishmuseum.cz ; tarif plein/réduit 220/150 Kč)

Couvent Sainte-Agnès GALERIE

2 PLAN P. 74, E1

Dans l'angle nord-est de Staré Město, l'ancien couvent Sainte-Agnès est le plus vieil édifice gothique de Prague. Le

Synagogue Vieille-Nouvelle

Circuits sur la culture juive

Wittmann Tours (plan p. 74 ; Novotného lávka 5 ; wittmann-tours.com ; circuit 4 800 Kč/pers) propose un circuit à pied individuel du Prague juif (3 heures) et des excursions guidées à Terezín, Auschwitz et d'autres destinations liées à l'histoire juive. Choisissez et réservez vos circuits en ligne. Horaires et lieux de rendez-vous négociables.

1er étage présente la collection permanente d'art médiéval et début Renaissance de Bohême et d'Europe centrale (1200-1550) de la Galerie nationale, où sont exposés des tableaux d'autels de l'époque gothique et des statues.

En 1234, le roi přemyslide Venceslas Ier fonda le couvent franciscain de l'ordre des Clarisses et désigna sa sœur Anežka (Agnès) première abbesse. Au XVIe siècle, celui-ci fut confié aux Dominicains, puis laissé à l'abandon après la dissolution des monastères par Joseph II.

L'ensemble n'a été restauré que dans les années 1980. Agnès fut béatifiée au XIXe siècle et, fort opportunément, le pape Jean-Paul II la canonisa sous le nom de sainte Agnès de Bohême quelques semaines à peine avant les événements révolutionnaires de novembre 1989. Outre les collections d'art et le cloître du XIIIe siècle, on peut visiter l'**église Saint-Sauveur**, de style gothique français, où reposent sainte Agnès et la reine Cunégonde. C'est dans la plus petite **église Saint-François**, voisine, que repose Venceslas Ier. La galerie est accessible aux fauteuils roulants. Le cloître a un dispositif tactile comprenant 12 moulages de sculptures médiévales avec explications en braille. (Uměleckoprůmyslové muzeum ; U Milosrdných 17 ; www.ngprague.cz ; billet Galerie nationale tarif plein/-16 ans 540 Kč/gratuit)

Rudolfinum ÉDIFICE HISTORIQUE

3 PLAN P. 74, A3

Le Rudolfinum, résidence de l'Orchestre philharmonique tchèque (Česká filharmonie), domine la **place Jan Palach** (náměstí Jana Palacha). Cet édifice et le Théâtre national, tous deux conçus par les architectes Josef Schulz et Josef Zítek, sont considérés comme les plus beaux bâtiments néo-Renaissance de Prague. Achevé en 1884, le Rudolfinum fit office de Parlement tchécoslovaque dans l'entre-deux-guerres et de bureaux de l'administration nazie pendant la Seconde Guerre mondiale.

L'imposante salle Dvořák (p. 81), où un grand orgue domine la scène, est l'un des principaux lieux de concerts lors du **festival du Printemps de Prague**. La partie nord du complexe abrite la **galerie d'art Rudolfinum** (Alšovo nábřeží 12 ; galerierudolfinum.cz). (Alšovo nábřeží 12 ; rudolfinum.cz)

Musée des Arts décoratifs

MUSÉE

4 PLAN P. 74, A3

Ce musée ouvrit ses portes en 1900 dans le cadre d'un mouvement européen visant à rétablir les valeurs esthétiques, sacrifiées sur l'autel de la révolution industrielle. L'institution jadis délicieusement désuète, remplie de verrerie, de mobilier, de tapisseries et de vêtements tchèques d'époque, a subi une rénovation complète il y a quelques années. (17. listopadu 2/2 ; upm.cz ; tarif plein/réduit 300/180 Kč)

Monument à Franz Kafka

SCULPTURE

5 PLAN P. 74, C3

Commandée par l'association pragoise Franz Kafka en 2003, cette étonnante sculpture de Jaroslav Róna représente un Kafka miniature juché sur les épaules d'un costume géant. Elle s'inspire du récit *Description d'un combat*, où l'auteur explore un paysage imaginaire depuis les épaules d'une "connaissance" (peut-être un autre aspect de sa personnalité). (angle Vězeňská et Dušní)

Se restaurer

Field

TCHÈQUE **€€€**

6 PLAN P. 74, D1

Un restaurant étoilé au Michelin simple et sympathique, où la décoration mêle outils agricoles et chic minimaliste. Le chef crée des plats à base de produits du cru extra, d'herbes fraîches et de fleurs, présentés de façon esthétique. Réservation au moins quelques semaines à l'avance. (U Milosrdných 12 ; fieldrestaurant.cz)

La Bottega Bistroteka

ITALIEN **€€€**

7 PLAN P. 74, F2

Dans cet élégant bistrot doublé d'une épicerie fine, la carte

Prague et le Golem

Les histoires de golems, serviteurs faits d'argile, existent depuis le début du judaïsme. La plus célèbre de ces créatures mythiques aurait été créée à Prague au XVIe siècle par le rabbin Judah Loew, de la **synagogue Vieille-Nouvelle** (p. 75), à l'aide de la boue des rives de la Vltava. Pourtant destinée à protéger le ghetto pragois, la créature, livrée à elle-même, fut prise de folie. Le rabbin dut alors retirer le talisman magique qui lui donnait vie. Il transporta le corps inerte dans le grenier de la synagogue Vieille-Nouvelle où, selon certains, il reposerait encore.

Les Juifs de Prague

La Bohême et la Moravie furent pendant des siècles des refuges relativement sûrs pour les Juifs. Ces derniers sont présents à Prague depuis le début, même si leur statut a connu des hauts et des bas. Pendant des siècles, ils furent confinés dans un coin de la Vieille Ville (aujourd'hui Josefov). Certaines périodes furent marquées par la terreur et les pogroms, d'autres comme le début du XVIIe siècle synonymes de prospérité. Au XIXe siècle, les Juifs furent autorisés à quitter leur ghetto, mais furent décimés cent ans plus tard par l'occupant nazi.

Première oppression

Les Juifs arrivèrent à Prague au Xe siècle. Au XIe, la ville était l'un des plus grands centres juifs d'Europe. Les croisades marquèrent le début de leurs malheurs : la plus vieille synagogue pragoise fut réduite en cendres. À la fin du XIIe siècle, ils avaient perdu de nombreux droits. Ils furent bientôt forcés de vivre dans un ghetto ceint de murs. Pendant des années, les Juifs restèrent des citoyens de troisième classe, tandis que les empereurs et l'aristocratie se disputaient la charge de leurs affaires.

L'âge d'or

Au milieu du XVIe et jusqu'au début du XVIIe s'étend une période considérée comme l'âge d'or de la communauté juive. L'empereur Rodolphe II (règne 1576-1612) collabora étroitement avec Mordekhaï Maisel (1528-1601), dirigeant de la communauté et à l'époque première fortune de Prague. Le leader spirituel était le rabbin Loew (1525-1609), mystique et érudit talmudique bien connu. Le XVIIIe siècle, sous le règne de l'empereur Joseph II de Habsbourg, fut le siècle de l'émancipation. En 1848, les Juifs obtinrent le droit de résider où ils le voulaient. Les murs du ghetto furent abattus et le quartier juif prit le nom de Josefov, en l'honneur de Joseph II. À la fin du XIXe siècle, la zone fut rasée et le quartier fut reconstruit dans un style Art nouveau.

Destruction et préservation

La communauté juive fut décimée par les nazis durant la Seconde Guerre mondiale, et seuls quelques milliers de Juifs vivent encore à Prague aujourd'hui. Ironie tragique de l'histoire : la majeure partie des collections du Musée juif proviennent des shtetls (villages juifs) détruits par les nazis.

sublime les succulents produits italiens disposés avec goût sur le comptoir. Les cannellonis à la joue de bœuf, servis avec une sauce parmesan et des fèves, sont excellents. Service efficace mais mieux vaut réserver. (Dlouhá 39 ; bistroteka.lacollezione.cz)

Lokál

TCHÈQUE **€€**

8 PLAN P. 74, F2

Cette brasserie tchèque typique, au cadre moderne et élégant, et au service efficace, sert une excellente *tankové pivo* (Pilsner Urquell à la pression) et un menu de spécialités de Bohême renouvelé chaque jour. Cette combinaison gagnante – l'endroit est toujours plein – a fait des émules à travers la capitale ces dernières années. (Dlouhá 33 ; lokaldlouha.ambi.cz)

V Kolkovně

TCHÈQUE **€€**

9 PLAN P. 74, D3

La brasserie Pilsner Urquell dirige cette version moderne et élégante du bistrot pragois traditionnel, avec une déco conçue par des designers tchèques et des interprétations raffinées de classiques tchèques comme le goulasch, le canard rôti et l'aloyau de bœuf, ainsi que quelques intrus comme le saumon et les côtelettes d'agneau. Accompagnez le tout de l'indétrônable bière Urquell. (V Kolkovně 8 ; www.kolkovna.cz/en/kolkovna-v-kolkovne-26)

Mistral Café

BISTROT **€**

10 PLAN P. 74, A4

Ce bistrot tranquille, avec ses pierres claires, son bois de bouleau blanchi et ses arbustes en pot, se cache au coin d'une artère très fréquentée, à quelques rues de la place de la Vieille Ville.

Au menu, de quoi petit-déjeuner, des sandwichs et des bowls équilibrés : idéal pour un café, un en-cas ou un repas léger. (Valentinská 11 ; www.mistralcafe.cz)

Bakeshop Praha

BOULANGERIE **€**

11 PLAN P. 74, D3

Cette boulangerie vend l'un des meilleurs pains de la ville, mais aussi des pâtisseries, des gâteaux et des sandwichs, wraps, salades et quiches à emporter. Les gérants proposent des recettes traditionnelles, des ingrédients de qualité et des produits frais. Armez-vous de patience : à midi, la file d'attente est très longue. (Kozí 1 ; www.bakeshop.cz)

Prendre un verre

Bokovka

BAR À VINS

12 PLAN P. 74, F2

Fondé par une association d'œnophiles dont les cinéastes Jan Hřebejk et David Ondříček, ce bar pittoresque tire son nom du film *Sideways* (*Bokovka*), dont l'action se déroule dans les vignobles de Californie. Il a quitté la Nouvelle Ville, son emplacement d'origine, pour une cave décrépite dans une cour cachée. Repérez l'enseigne représentant une gouttelette de vin rouge et entrez par la porte en face sur la droite. Le top des vins tchèques vous y attend. (Dlouhá 37 ; bokovka.com)

Kenton New York Bar

BAR

13 PLAN P. 74, D3

Ce bar à cocktails rappelle l'ambiance du Manhattan des années 1930 et l'époque des petits remontants bien tassés que l'on buvait avant d'aller se coucher. Cité comme l'un des meilleurs bars de la ville, il attire du beau monde, ce qui va de pair avec les tarifs élevés. Réservez. (V Kolkovně 3 ; www.kentons.cz)

James Joyce

PUB

14 PLAN P. 74, E2

Retrouvez une communauté anglophone dans ce pub pragois aussi original qu'accueillant. Il possède en effet une cheminée à foyer ouvert, plutôt rare dans les autres bars de la ville. Profitez de sa chaleur avec une bonne Guinness ou un petit-déjeuner irlandais (avec du boudin noir de Clonakilty !), servi toute la journée. La télé diffuse des matchs de cricket et de rugby et le pub propose une soirée quiz tous les lundis. (U obecního Dvora 4 ; jamesjoyceprague.cz)

Kozička

BAR

15 PLAN P. 74, D3

Installée en sous-sol, la "Petite Chèvre" est un bar en brique rouge, décoré de sculptures de chèvre en métal et servant

---

Adresses gourmandes pour petit budget

Lod Pivovar Une microbrasserie à bord d'un bateau sur la Vltava, sous le pont Štefánik. On y boit des bières artisanales originales à base de houblon Saaz, "l'or vert" de la Tchéquie. Ne manquez pas le *nakladaný hermelín* (fromage mariné), cousin du camembert français servi ici sur du pain maison.

Perníčkův sen (p. 101) Cette boulangerie familiale de la Vieille Ville est la seule à Prague à vendre le *sakrajda*, strudel traditionnel de Bohême, fait d'une pâte aux épices et garnie de confiture de prune et de noix.

Kolacherie (www.kolacherie.cz) Ignorez les stands de *trdelník* (gâteau tubulaire) qui parsèment la ville. Les *koláče* frais (gâteaux moelleux garnis de fruits ou de pavot) sont beaucoup plus typiques.

Recommandé par Eva Brejlová, *guide gastronomique pour Eating Prague (www.eatingeurope.com/prague)*

de la Krušovice à la pression ainsi que de la cuisine de pub tchèque. Rempli après-dîner par un mélange de touristes et d'étudiants, sa fermeture tardive en fait un lieu agréable pour profiter tard d'une atmosphère paisible. (Kozí 1 ; kozicka.cz)

Sortir

Salle Dvořák
SALLE DE CONCERTS

16 PLAN P. 74, A3

Achevée en 1884, la résidence néo-Renaissance de l'Orchestre philharmonique tchèque (p. 76) domine la place Jan Palach. L'imposante **salle Dvořák**, où un grand orgue domine la scène, permet d'entendre les meilleurs musiciens classiques de Prague. (Alšovo nábřeží 12 ; ceskafilharmonie.cz)

Roxy
MUSIQUE LIVE

17 PLAN P. 74, F2

Installé dans la structure délabrée d'un cinéma Art déco, le légendaire Roxy fait partie depuis 1987 des clubs pragois indépendants les plus novateurs, et accueille la fine fleur des DJ tchèques. Au 1er étage, le NoD, "espace expérimental", présente du théâtre, de la danse, des performances artistiques, des films et des concerts. (Dlouhá 33 ; roxy.cz)

Shopping

Gurmet Pasáž Dlouhá
GASTRONOMIE

18 PLAN P. 74, F2

Cette galerie Art déco assez haut de gamme est au cœur de la scène culinaire de Prague. En plus de restaurants comme **Naše Maso** (www.nasemaso.cz) et **Banh Mi Makers** (www.banhmimakers.com), vous y trouverez des échoppes proposant tartines tchèques ou toasts à la polonaise. (Dlouhá 39)

Talacko
MUSIQUE

19 PLAN P. 74, E2

Magasin de partitions où vous trouverez aussi bien le *Don Giovanni* de Mozart ou *La Symphonie du Nouveau Monde* de Dvořák que des tubes pop – *101 Beatles Songs for Buskers*, par exemple ! (Rybná 29 ; www.talacko.cz)

Klára Nademlýnská
MODE

20 PLAN P. 74, D3

Célèbre styliste, Klára Nademlýnská s'est formée à Prague et a travaillé presque 10 ans à Paris. Ses vêtements se caractérisent par des lignes sobres et des tissus de qualité. La ligne couvre tout le spectre, des maillots de bain aux robes du soir, en passant par les jeans. (Dlouhá 3 ; klaranademlynska.cz)

DALI

Explorer

Place de la Vieille Ville et Staré Město

Avec sa belle place médiévale, son dédale d'allées et ses sites étonnants comme l'horloge astronomique, Staré Město (la Vieille Ville) est le cœur battant du centre historique. Son origine remonte au Xe siècle. Un millier d'années plus tard, elle est plus vivante que jamais et, étonnamment, peu changée par le temps.

Notre sélection

- ***Place de la Vieille Ville (p. 84)*** *Le chef-d'œuvre médiéval de Prague.*
- ***Pont Charles (p. 86)*** *Ce pont gothique du XIVe siècle est une véritable galerie à ciel ouvert de sculptures baroques.*
- ***Maison municipale (p. 91)*** *L'un des édifices Art nouveau les plus exubérants d'Europe ; il abrite des restaurants, une salle de concert et divers salons.*
- ***Horloge astronomique (p. 85)*** *Toutes les heures, ce joyau médiéval offre un spectacle d'automates.*
- ***Théâtre des États (p. 99)*** *Un majestueux théâtre dans lequel Mozart lui-même joua la première de Don Giovanni.*

Comment y aller et circuler

Tram : Les lignes 2, 17 et 18 vont jusqu'à Staroměstská ; les lignes 6, 8, 15 et 26 s'arrêtent à Dlouhá třída.

M Ligne A jusqu'à Staroměstská (l'arrêt le plus proche de la place de la Vieille Ville) ou ligne A ou B jusqu'à Můstek.

Plan Place de la Vieille Ville et Staré Město p. 90

Place de la Vieille Ville (p. 84) NG-SPACETIME/SHUTTERSTOCK ©

Les incontournables

Arpenter la place de la Vieille Ville

Cette place pavée encadrée par des églises baroques, des flèches gothiques, des façades pastel et un palais rococo unit harmonieusement les styles architecturaux. Si l'horloge astronomique, merveille de mécanique toujours en fonctionnement, a plus de 600 ans, bon nombre de bâtiments de la place de la Vieille Ville sont encore plus anciens.

PLAN P. 90, D1

Staroměstské náměstí

Entrée libre

M Staroměstská

Horloge astronomique

L'horloge originelle de l'ancien hôtel de ville, datant de 1410, fut améliorée en 1490 par le maître horloger Hanuš, qui réalisa la merveille mécanique que l'on voit aujourd'hui. Toutes les heures (de 9h à 21h), la foule se rassemble pour assister à sa petite mise en scène.

Tour de l'ancien hôtel de ville

Construit en 1338, l'ancien hôtel de ville ne se limite pas à sa tour. Grimpez en haut du **carillon** de l'ancien hôtel de ville (prague.eu ; adulte/enfant 250/150 Kč) pour admirer la vue sur la place et le centre historique.

Jan Hus et Mary

Deux sculptures de figures religieuses voisinent près du centre de la place : la statue de Ladislav Šaloun (1870-1946) représentant Jan Hus fut inaugurée le 6 juillet 1915, pour le 500e anniversaire de sa mort. La gracile colonne mariale ne l'a rejoint qu'en 2020, remplaçant un monument baroque du XVIIe siècle détruit par des nationalistes anti-Habsbourg en 1918.

Église Notre-Dame-de-Týn

Avec ses deux flèches gothiques caractéristiques, difficile de manquer **Notre-Dame-de-Týn** (tyn.cz ; don suggéré 25 Kč), édifiée du XIVe au XVe siècle. Si le gothique prédomine à l'extérieur, l'intérieur privilégie le style baroque. Elle abrite la tombe de Tycho Brahe.

Église Saint-Nicolas

Ce joli **monastère** (svmikulas.cz ; entrée libre) baroque est relativement récent : achevé en 1735, il a remplacé une église gothique datant de la fin du XIIIe siècle. Il accueille désormais le culte de l'église hussite tchèque et sert de salle de concerts.

★ À savoir

- Pour avoir une meilleure vue sur l'horloge astronomique, mieux vaut venir quelques minutes avant qu'elle ne sonne 9h ou 10h.
- La tour dispose d'un ascenseur.
- À Pâques et à Noël notamment, la place de la Vieille Ville accueille des stands d'alimentation et d'artisanat.
- À la nuit tombée, les façades de la place sont éclairées. Romantique !
- Montez à pied ou en ascenseur en haut de l'horloge astronomique pour une vue plongeante sur la place de la Vieille Ville. Mieux vaut arriver tôt.

Une petite pause ?

Un repas sain vous attend au restaurant végétarien **Maitrea** (p. 96), à quelques pas de la place. Vous trouverez aussi d'innombrables cafés touristiques sur la place elle-même.

Les incontournables

Traverser le légendaire pont Charles

Lorsque même la foule de touristes ne ternit pas la beauté d'un site historique, pas de doute, il s'agit d'un lieu exceptionnel. Commandé en 1357 par Charles IV, ce monument emblématique de Prague, long d'environ 520 m, a été jusqu'au XIXe siècle le seul lien entre le château de Prague et la Vieille Ville, séparés par la Vltava. Il est particulièrement fascinant à l'aube, en hiver, quand les visiteurs sont peu nombreux.

PLAN P. 90, A2

Karlův most

24h/24

2, 17, 18 jusqu'à Karlovy lázně, 1, 5, 7, 12, 15, 20, 22, 25 jusqu'à Malostranské náměstí

Point de vue sur la Vieille Ville

Construite à la fin du XIVe siècle à l'extrémité est du pont Charles, l'élégante **tour du pont de la Vieille Ville** (www.prague.eu ; tarif plein/réduit 150/100 Kč) était destinée non seulement à servir de fortification, mais aussi à marquer l'entrée de la Vieille Ville, à la manière d'un arc de triomphe. Son sommet offre une belle vue sur le pont.

Statues religieuses

Le crucifix érigé en 1657 près de l'extrémité est fut la première sculpture à orner le pont, suivie en 1683 d'une statue de saint Jean Népomucène, hommage des Jésuites, qui inspira d'autres commandes de la part d'ordres religieux sur une période de trente ans. Aujourd'hui, la plupart sont des copies, mais certaines statues d'origine sont visibles à la porte en brique et aux casemates (p. 127) de la forteresse de Vyšehrad.

Statue de saint Jean Népomucène

La statue la plus célèbre est celle de saint Jean Népomucène, le saint patron de la Bohême, que Venceslas IV fit jeter du haut du pont en 1393, car il refusait de lui divulguer les propos tenus par la reine en confession – la lutte opposant l'Église à l'État constituerait en fait le véritable motif de cet assassinat. Frotter la plaque en bronze fixée sur le socle porterait bonheur.

Musée du pont Charles

Découvrez toutes les vicissitudes que le pont a connues au **musée du pont Charles** (Křížovnické náměstí 3 ; charlesbridgemuseum.com ; tarif plein/réduit 170/70 Kč), près de l'entrée du pont, côté Vieille Ville. Vous serez presque surpris qu'il tienne encore debout !

★ À savoir

- Traversez le pont de bon matin pour éviter la foule.
- Faites attention à vos effets personnels. Des pickpockets officient sur le pont, surtout l'été.
- Prévoyez de traverser le pont au moins deux fois, en direction du château et en sens inverse.
- Le lever du jour est le meilleur moment pour les photos, et l'hiver le pont sous la neige fera des clichés mémorables.

Une petite pause ?

Offrez-vous un repas gastronomique accompagné de vin tchèque au **V Zátiší** (p. 96), côté Vieille Ville.

Promenade à pied

Le Prague de Kafka

"Toute ma vie est inscrite dans ce petit cercle", affirma un jour Franz Kafka (1883-1924) en se référant à la Vieille Ville de Prague. Certes il exagérait un peu (il voyagea et mourut à l'étranger), mais Prague est un personnage omniprésent et silencieux dans l'écriture de Kafka, et cette promenade dans la Vieille Ville passe par des lieux où il avait ses habitudes.

Départ Náměstí Republiky ; M Náměstí Republiky

Arrivée Hotel Intercontinental ; M Staroměstská

Distance et durée 2 km, 40 minutes

❶ Compagnie d'assurances contre les accidents du travail

L'œuvre de Kafka se nourrit de son activité d'employé de bureau – il travailla pendant 14 ans (1908-1922) à la **Compagnie d'assurances contre les accidents du travail** au n°7 de Na poříčí. Lors de son trajet quotidien, il passait devant la **tour Poudrière** (p. 92) et la **Maison municipale** (p. 91), qui venait d'être construite.

❷ Maison des Trois Rois

De 1896 à 1907, les Kafka habitèrent la **maison des Trois Rois**, au n°3 de Celetná, juste avant la place de la Vieille Ville. Franz écrivit sa première histoire dans sa chambre, qui surplombait l'**église Notre-Dame-de-Týn** (p. 85).

❸ Sixième maison

En 1888-1889, Kafka vécut de l'autre côté de Celetná, dans la **Sixième maison**. Non loin, au n°17 de Staroměstské náměstí, dans la maison **à la Licorne** (U Jednorožce), Berta Fanta organisait des salons littéraires pour les penseurs de l'époque, entre autres Kafka et Einstein.

❹ Maison de la Minute

Il habita en 1889-1896 la **maison de la Minute** (dům U minuty), l'édifice Renaissance qui jouxte l'ancien hôtel de ville. Il se rappela plus tard avoir été traîné jusqu'à son école dans la rue Masná par le cuisinier de la famille.

❺ Lieu de naissance de Kafka

À l'ouest de l'**église Saint-Nicolas** (p. 85), le **lieu de naissance de Kafka** est marqué par un buste, au n°3 de náměstí Franze Kafky (anciennement U Radnice 5). De la maison d'origine, il reste uniquement le portail en pierre.

❻ Chambre d'étudiant de Kafka

Malgré plusieurs histoires d'amour marquantes, Kafka ne se maria jamais et vécut surtout avec ses parents. L'une des rares **chambres d'étudiant** qu'il loua se situe au n°16 de Dlouhá.

❼ Appartement Bílkova

Plus loin au nord après le **Monument à Franz Kafka** (p. 77), au n°22 de Bílkova, vous découvrirez un autre **appartement** que Kafka occupa un temps. Il y écrivit les premières pages du *Procès* en 1914.

❽ Ancien Hotel Intercontinental

Dirigez-vous vers l'ouest jusqu'à Pařížská et vers le nord en direction de la rivière. Dans les jardins de l'ancien **Hotel Intercontinental** (Pařížská 30) se trouvait jadis un autre appartement de la famille Kafka (1907-1913). Franz y écrivit sa nouvelle œdipienne *Le Jugement* (1912) et commença *La Métamorphose*, l'histoire d'un homme mué en insecte géant.

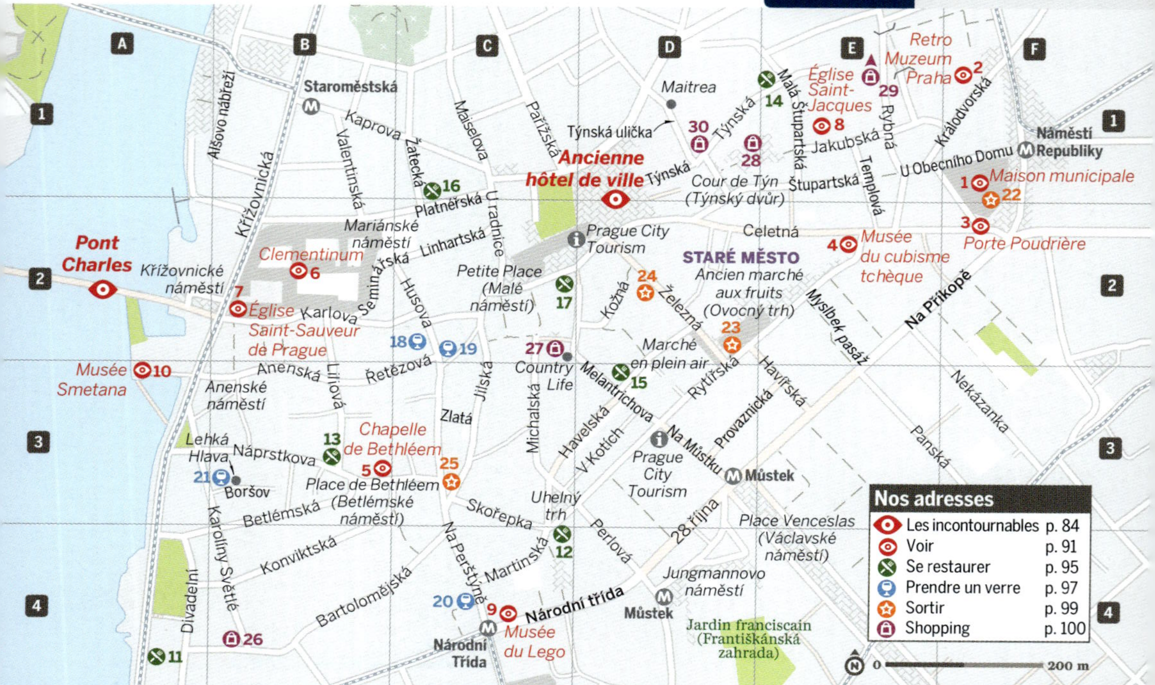
A
B
C
D
E
F
1
2
3
4
Pont Charles
Křížovnické náměstí
7 Église Saint-Sauveur de Prague
Clementinum 6
Musée Smetana 10
Alšovo nábřeží
Křižovnická
Staroměstská
Kaprova
Valentinská
Žatecká
16
Maiselova
Pařížská
Platnéřská
U radnice
Mariánské náměstí
Linhartská
Seminářská
Karlova
Husova
18
19
Anenská
Anenské náměstí
Liliová
Řetězová
Jilská
Zlatá
Lehká Hlava
Náprstkova
21
Boršov
13
Chapelle de Bethléem
5
25
Place de Bethléem (Betlémské náměstí)
Betlémská
Karolíny Světlé
Konviktská
Bartolomějská
Divadelní
26
11
Ancienne hôtel de ville
Týnská ulička
Týnská
Maitrea
30
28
14
Týnská
Cour de Týn (Týnský dvůr)
Prague City Tourism
Petite Place (Malé náměstí)
17
Kožná
24
Železná
27
Country Life
Michalská
Melantrichova
15
Marché en plein air
Havelská
V Kotcích
Prague City Tourism
Uhelný trh
Skořepka
12
Martinská
Na Perštýně
20
9 Musée du Lego
Národní Třída
Národní třída
Perlová
28. října
Můstek
Jungmannovo náměstí
Jardin franciscain (Františkánská zahrada)
STARÉ MĚSTO
Ancien marché aux fruits (Ovocný trh)
23
Rytířská
Havířská
Provaznická
Na Můstku
Můstek
Myslbek pasáž
Celetná
Malá Štupartská
Štupartská
Jakubská
Église Saint-Jacques
8
29
Retro Muzeum Praha 2
Rybná
Templová
Králodvorská
U Obecního Domu
Náměstí Republiky
1 Maison municipale
22
3 Porte Poudrière
4 Musée du cubisme tchèque
Na Příkopě
Nekázanka
Panská
Place Venceslas (Václavské náměstí)
Nos adresses
Les incontournables p. 84
Voir p. 91
Se restaurer p. 95
Prendre un verre p. 97
Sortir p. 99
Shopping p. 100
N
0
200 m

Voir

Maison municipale

ÉDIFICE HISTORIQUE

1 PLAN P. 90, F1

L'édifice Art nouveau le plus exubérant de Prague est une œuvre d'art où chaque peinture et chaque sculpture est chargée de symboles. Le **restaurant** (Náměstí Republiky 5 ; www.restauraceod.cz) et le café Kavárna Obecní Dům (p. 98) ressemblent eux-mêmes à des musées Art nouveau. L'étage abrite une demi-douzaine de salles somptueusement décorées, que l'on peut admirer lors de visites guidées. On peut admirer librement le hall d'entrée et le bar du rez-de-chaussée, ou réserver une visite guidée au centre d'information.

La Maison municipale se tient sur le site de la Cour royale où les souverains de Bohême résidèrent de 1383 à 1483 (date à laquelle Vladislav II s'installa au château de Prague). La Cour royale fut démolie à la fin du XIXe siècle.

À la place, ce magnifique édifice Art nouveau fut construit entre 1906 et 1912 ; fruit du travail passionné d'une trentaine de grands artistes de l'époque, ce centre culturel incarnait l'apogée architectural de la Renaissance nationale tchèque. La mosaïque surmontant l'entrée, **Hommage à Prague**, est encadrée de sculptures représentant l'oppression et la renaissance du peuple tchèque. D'autres sculptures en haut de la façade représentent l'histoire, la

Maison municipale

littérature, la peinture, la musique et l'architecture. Vous passerez sous une canopée en fer forgé et vitraux pour atteindre l'intérieur, de style Art nouveau du sol aux poignées de porte. La première pause de la visite guidée est la salle Smetana (p. 99), la plus grande salle de concerts de Prague, avec 1 200 fauteuils. La scène est flanquée de sculptures représentant la légende de Vyšehrad (à droite) et des danses slaves (à gauche). Le 28 octobre 1918, l'indépendance de la République tchécoslovaque fut déclarée dans la salle Smetana, et en novembre 1989, des réunions entre le Forum civique et le régime de Jakeš s'y déroulèrent.

Le festival de musique du Printemps de Prague (p. 76) débute toujours le 12 mai, jour de la mort du compositeur tchèque Smetana, avec une parade entre Vyšehrad et la Maison municipale, suivie d'une représentation de son cycle symphonique *Má vlast* (Mon pays) dans la salle Smetana. La visite se poursuit avec plusieurs **appartements officiels** très impressionnants. Le point d'orgue est la **salle du Bourgmestre** (Primatorský sál), de forme octogonale, dont les fenêtres surplombent l'entrée principale. Tous les détails de sa décoration furent imaginés par Alfons Mucha, qui peignit aussi les fresques sublimes des murs et du plafond.

Levez les yeux pour admirer une allégorie de la Concorde slave : les personnages qui s'enlacent sous l'œil de l'aigle tchèque représentent les différents peuples slaves. Entre chacune des huit arcades, des figures historiques et mythologiques tchèques symbolisent les vertus civiques. (náměstí Republiky 5 ; obecnidum.cz ; visite guidée tarif plein/réduit/-10 ans 290/240 Kč/gratuit)

Retro Muzeum Praha MUSÉE

2 PLAN P. 90, F1

Une certaine nostalgie se dégage de cette immense collection mêlant appareils ménagers, vêtements, jouets et meubles de l'ère communiste. Les objets exposés raviront autant les historiens en herbe que les amateurs de décoration. Le musée, installé au 4e étage du grand magasin Kotva, est pourvu de nombreux panneaux explicatifs en anglais. (náměstí Republiky 8 ; www.retromuzeumpraha.cz ; visite guidée tarif plein/réduit/enfants 220/175/150 Kč)

Porte Poudrière TOUR

3 PLAN P. 90, F2

L'édification de la Porte Poudrière, haute de 65 m, débuta en 1475 sur l'emplacement de l'une des 13 portes originelles de Staré Město. Elle resta inachevée jusqu'à ce que le grand architecte néogothique Josef Mocker apporte sa touche finale en 1886. Son nom vient de sa fonction de dépôt de poudre à canon au XVIIIe siècle. L'intérieur gothique abrite seulement quelques panneaux

Le spectacle de l'horloge astronomique

Toutes les heures (de 9h à 21h), une foule se masse au pied de la tour de l'ancien hôtel de ville pour admirer l'horloge astronomique à l'œuvre, dont la performance dure moins d'une minute. Outre son histoire, son ingéniosité et sa photogénie, elle cache des symboles.

Quatre automates ornent la partie supérieure, allégories qui représentent certains péchés capitaux ou les grandes craintes de la société pragoise du XVe siècle : la **Vanité** (avec un miroir), l'**Avarice** (avec une bourse), la **Mort** (le squelette) et la **Volupté** (représentée par un prince turc). Les quatre personnages en dessous sont le Chroniqueur, l'Ange, l'Astronome et le Philosophe.

À chaque heure, la Mort sonne le glas de la précédente et retourne son sablier, tandis que les 12 apôtres défilent devant les fenêtres au-dessus des cadrans en saluant la foule. Sur la gauche se tiennent **Paul** (attributs : épée et livre), **Thomas** (lance), **Jude** (livre), **Simon** (scie), **Barthélemy** (livre) et **Barnabé** (parchemin) ; sur la droite, **Pierre** (clé), **Matthieu** (hache), **Jean** (serpent), **André** (croix), **Philippe** (croix) et **Jacques** (bâton). Enfin, un coq chante et l'horloge sonne l'heure.

d'information sur la construction de la tour. Son principal atout est le panorama dont on jouit depuis le sommet. (Na příkopě ; prague.eu/fr/les-tours-de-prague ; tarif plein/réduit 150/100 Kč)

Musée du Cubisme tchèque

GALERIE

4 PLAN P. 90, E2

Bien que construite en 1912, la Maison à la Vierge noire (Dům U černé Matky Boží) de Josef Gočár (premier et magnifique exemple d'architecture cubiste) n'a rien perdu de sa modernité. Elle héberge une exposition de meubles, céramiques et verreries cubistes issus de la collection du musée des Arts décoratifs et un café cubiste. Elle accueille aussi des événements sur l'exceptionnelle architecture cubiste pragoise. (Ovocný trh 19 ; www.czkubismus.cz ; visite guidée tarif plein/réduit/-15 ans 150/80 Kč/gratuit)

Chapelle de Bethléem

ÉGLISE

5 PLAN P. 90, B3

C'est dans ce petit lieu de culte que naquit la cause hussite. En 1391, des Pragois réformistes obtinrent la permission de bâtir une chapelle privée où ils pourraient célébrer la messe en tchèque plutôt qu'en latin. Jan Hus y prêcha de 1402 à 1412, initiant un mouvement réformateur de l'église depuis le sanctuaire du Carolinum (dont il était le recteur). Une cérémonie est organisée tous les 5 juillet, la veille de l'anniversaire de sa mort sur le bûcher en 1415. (Betlémské náměstí 4 ; bethlehemchapel.eu ; adulte/enfant 60/30 Kč)

Clementinum ÉDIFICE HISTORIQUE

6 PLAN P. 90, B2

Le Clementinum est un vaste ensemble de belles salles de style baroque et rococo, désormais occupées par la Bibliothèque nationale tchèque. La plupart des bâtiments sont fermés au public, mais vous pourrez accéder aux cours ou participer à une **visite guidée** (50 minutes) incluant la bibliothèque baroque, la salle du Méridien, la tour astronomique, ainsi que la chapelle des Miroirs. (entrées dans Křížovnická, Karlova et Mariánské náměstí ; klementinum.com ; visite guidée tarif plein/réduit 300/200 Kč)

Église Saint-Sauveur ÉGLISE

7 PLAN P. 90, B2

Quand les Jésuites furent invités par Ferdinand Ier à Prague en 1556, ils choisirent l'un des plus beaux emplacements de la cité et édifièrent, en 1587, l'**église Saint-Sauveur**, emblème de la Contre-Réforme de Prague, à laquelle était originellement rattaché le Clementinum (p. 94). Sa façade ouest fait face au pont Charles, et ses statues noircies dominent les embouteillages de Křížovnické náměstí, en contrebas. Des concerts de musique classique y sont organisés (consultez www.pragueclassic.com pour plus de détails). (Křížovnické náměstí ; farnostsalvator.cz ; entrée libre)

Église Saint-Jacques ÉGLISE

8 PLAN P. 90, E1

Cette église gothique fut le sanctuaire d'un couvent franciscain au XIVe siècle, avant d'être remaniée dans le style baroque au XVIIIe siècle. La façade présente trois bas-reliefs d'Ottavio Mosto. Parmi les ors et les stucs figure une relique : un bras desséché qui pend sur le mur ouest (levez les yeux vers la droite en entrant). D'après la légende, un voleur tenta de dérober les joyaux de la statue de la Vierge vers l'an 1400, mais celle-ci saisit son poignet avec tant de vigueur qu'il fallut lui couper le bras. (Kostel sv Jakuba ; Malá Štupartská 6 ; praha.minorite.cz)

Musée Lego MUSÉE

9 PLAN P. 90, C4

Ce musée se targue de posséder la plus grande collection privée au monde de modèles de Lego. En fin de parcours, un espace de jeu où les enfants peuvent construire leurs créations et une boutique avec quasiment tous les produits Lego existants. L'exposition ne vaut toutefois pas complètement son prix, à moins

KIEV.VICTOR/SHUTTERSTOCK ©

Église Saint-Sauveur

que vous ne soyez un fan absolu des petites briques. (Národní 31 ; muzeumlega.cz ; tarif plein/étudiant/senior et enfants/-1,20 m 285/219/180/145 Kč)

Musée Smetana

MUSÉE

10 PLAN P. 90, A3

Ce petit musée est consacré à Bedřich Smetana, le compositeur le plus populaire de Bohême et sorte d'Andrew Lloyd Webber de l'époque ! Intérêt limité à moins que vous ne soyez fan. Les indications en anglais sont peu nombreuses, mais le lieu propose une bonne exposition sur *La Fiancée vendue*, un opéra-bouffe, dans la culture populaire. (Novotného lávka 1 ; www.nm.cz ; tarif plein/réduit/-15 ans 50/30 Kč/gratuit)

Se restaurer

SmetanaQ Café & Bistro

BISTROT €

11 PLAN P. 90, A4

Dans un intérieur spacieux percé de grandes fenêtres, le SmetanaQ offre une vue sur la Vltava et, en hiver, sur le château de Prague. Le café (de 49 Kč à 70 Kč) est produit par un torréfacteur local et les gâteaux, tartes et autres pains sont faits maison. Le petit-déjeuner, excellent, cède en journée la place à des plats plus ambitieux et éclectiques, comme la poitrine de porc à l'asiatique ou l'*halušky* (sorte de gnocchis) à la slovaque. (Smetanovo nábřeží 4 ; smetanaq.cz/#cafe-bistro)

U Dvou koček

TCHÈQUE €€

12 PLAN P. 90, C4

Institution pragoise, cette brasserie et microbrasserie traditionnelle installée sous les arcades de la place du Marché au charbon (Uhelný trh) est depuis toujours incontournable. L'Urquell à la pression est bonne, mais la lager maison du restaurant, la Kočka, s'accorde mieux avec la cuisine bohémienne de la carte.

Tous les Tchèques connaissent le lieu, à l'honneur dans *Vrchní prchni !* un célèbre film des années 1980. (Uhelný trh 10 ; udvoukocek.cz)

V Zátiší

TCHÈQUE €€€

13 PLAN P. 90, B3

Le "Nature Morte" est depuis trente ans l'un des restaurants les plus réputés de Prague et reste une bonne adresse pour un dîner raffiné.

Le cadre est moderne et audacieux, avec une vaisselle originale, des papiers peints aux motifs osés et des chaises en panne de velours couleur cappuccino. La carte mêle cuisine indienne haut de gamme et plats tchèques revisités – l'oie de Bohême du Sud et sa sauce aux prunes est fabuleuse. (Liliová 1 ; vzatisi.cz)

Divinis

ITALIEN €€

14 PLAN P. 90, E1

Un décor fantaisiste dans des teintes crème rehaussées de miroirs et de touches de rouge cerise, et un joyeux bric-à-brac d'étagères couvertes de livres, de vases et autres babioles. Bien qu'italien, ce restaurant fait l'impasse sur les sempiternelles pastas et pizzas. Le menu sans chichis propose une huitaine d'entrées et de plats. (Týnská 21 ; www.divinis.cz)

Restaurants végétariens de la Vieille Ville

La Vieille Ville de Prague compte quelques bons restaurants végétariens. Nos préférés :

Country Life (plan p. 90, C2 ; Melantrichova 15 ; www.countrylife.bio). Cafétéria végétalienne qui propose des salades, du goulasch sans viande, des burgers aux graines de tournesol et des boissons au soja à prix doux.

Lehká Hlava (plan p. 90, B3 ; Boršov 2 ; www.lehkahlava.cz). Situé au bout d'une petite impasse, le "Tête Claire", adresse prisée des étudiants, est un univers en soi.

Maitrea (plan p. 90, D1 ; Týnská ulička 6 ; restaurace-maitrea.cz). Un espace magnifiquement aménagé aux plats végétariens inventifs.

Havelská Koruna

CAFÉTÉRIA €

15 PLAN P. 90, D3

Pour goûter à la nourriture de cantine scolaire vieille école que de nombreux Tchèques mangent quotidiennement, rendez-vous dans cette cafétéria au nord de Můstek. Prenez un *konzumační lístek* ("bon de consommation") à l'entrée et dirigez-vous vers les comptoirs où des dames vous serviront différentes spécialités bohémiennes et moraves. Installez-vous ensuite aux tables communes et payez à la sortie. (Havelská 23 ; havelska-koruna.cz)

George Prime Steak

STEAK €€€

16 PLAN P. 90, C1

Ici, tout tourne autour du black Angus USDA Prime importé du Midwest. La viande la plus chère de Prague est maturée pendant au moins 30 jours, braisée à la perfection et accompagnée de mets simples (évitez juste de demander votre steak bien cuit !). De bons whiskys complètent la carte de ce restaurant minimaliste. Habillez-vous de noir et pensez à réserver. (Platnéřská 19 ; georgeprimesteak.com/cz)

U Prince

INTERNATIONAL €€

17 PLAN P. 90, C2

Le menu propose les traditionnelles salade César et salade du chef, mais aussi des burgers, du poulet grillé et autres plats passe-partout.

L'intérêt du lieu n'est pas la nourriture, mais la magnifique vue sur la place de la Vieille Ville. Réservez bien à l'avance pour être en terrasse. (Staroměstské Náměstí 29 ; hoteluprince.com)

Prendre un verre

U Zlatého Tygra

PUB

18 PLAN P. 90, C2

Bistrot favori du romancier Bohumil Hrabal, le "Tigre doré" est l'un des rares bars de la Vieille Ville à avoir conservé son âme et ses prix raisonnables (Pilsner Urquell 56 Kč, 45 cl), malgré sa proximité avec la place de la Vieille Ville. C'est l'un des premiers pubs de Prague, et c'est là que le président Václav Havel emmena Bill Clinton en 1994 pour lui faire découvrir un authentique pub tchèque. (Husova 17 ; uzlatehotygra.cz)

U Tří Růží

BRASSERIE

19 PLAN P. 90, C2

Alors que l'on recensait plus de 20 brasseries dans la Vieille Ville au XIXe siècle, il n'en restait plus qu'une seule en 1989. Installée à l'emplacement de l'une de ces anciennes brasseries, la microbrasserie des "trois roses" fait revivre la tradition avec pas moins de six bières à la pression, dont une délicieuse *světlý ležák* (pale lager). Cadre agréable et cuisine très correcte. (Husova 10 ; u3r.cz)

Les mésaventures de Tycho Brahe

23

Enterré à Notre-Dame-de-Týn (p. 85), Tycho Brahe (1546-1601) était un sacré personnage. Ce père danois de l'astronomie moderne identifia des milliers d'étoiles, effectua des observations étonnamment précises avant l'invention du télescope, et aida son assistant Johannes Kepler à établir les lois du mouvement planétaire.

Il arriva à Prague en 1599 en tant que mathématicien officiel de Rodolphe II. Cependant, Brahe pratiquait aussi un peu d'astrologie et d'alchimie. Il perdit un bout de nez dans un duel et porta un postiche en métal. Il possédait également un élan domestique qui, après avoir apparemment bu trop de bière, dévala les escaliers et mourut.

Brahe décéda à Prague en 1601. Il serait mort des suites d'une cystite parce qu'il aurait été trop poli pour aller aux toilettes durant un long banquet. Ce n'est que récemment que les historiens ont émis l'hypothèse d'un empoisonnement. Le mystère reste cependant entier. Mais rien de bien enviable dans l'un et l'autre cas...

Kavárna Obecní Dům

CAFÉ

Le spectaculaire café de l'opulente **Maison municipale** (voir **1** plan p. 90, F1) donne l'occasion de siroter un cappuccino dans une débauche de splendeur Art nouveau. Le lieu est réputé pour sa décoration d'origine mais aussi pour ses fabuleux gâteaux à la viennoise. (náměstí Republiky 5 ; kavarnaod.cz)

U Medvídků

BEER HALL

20 PLAN P. 90, C4

Avec une capacité de stocks limitée à 250 litres seulement, U Medvídků est la plus micro des microbrasseries pragoises. Elle a lancé la production de sa propre bière en 2005, mais sa brasserie traditionnelle existait déjà depuis longtemps. À l'intérieur, le restaurant sert une bonne nourriture tchèque ; chambres à l'étage. Réservation recommandée le soir. (Na Perštýně 7 ; umedvidku.cz)

Grand Café Orient

CAFÉ

On peut bien sûr manger sur place, mais la plupart des clients prennent un verre dans le seul café cubiste de Prague (situé à l'étage du musée du Cubisme tchèque) uniquement pour admirer son style unique qui s'affiche partout, des petites cuillères aux luminaires. Imaginé par Josef Gočár en 1912, l'Orient a été restauré et a rouvert en 2005 : il était fermé depuis 1920. Café correct et cocktails bon marché. (Ovocný trh 19 ; grandcafeorient.cz)

Hemingway Bar

BAR À COCKTAILS

21 PLAN P. 90, B3

Repaire douillet et sophistiqué, le Hemingway possède une arrière-salle aux allures de bibliothèque, ainsi qu'un éclairage aux chandelles. L'établissement affiche un choix impressionnant d'alcools de qualité (notamment du rhum), de cocktails de premier ordre et de champagne. Barmen courtois et professionnels. Réservation impérative. (Karolíny Světlé 26 ; hemingwaybar.eu)

Sortir

Salle Smetana

MUSIQUE CLASSIQUE

22 PLAN P. 90, F1

Fleuron de la superbe Maison municipale (p. 91), la plus grande salle de concerts de musique classique pragoise peut accueillir sous son dôme vitré Art nouveau jusqu'à 1 200 spectateurs. Des sculptures représentant la légende de Vyšehrad et des danses slaves encadrent la scène. Siège de l'Orchestre symphonique de Prague (www.fok.cz), elle programme aussi des spectacles. (náměstí Republiky 5 ; obecnidum.cz)

Théâtre des États

OPÉRA

23 PLAN P. 90, D2

C'est dans ce théâtre, le plus vieux de Prague, que Mozart dirigea la première de *Don Giovanni* le 29 octobre 1787. Des classiques de l'art lyrique y sont régulièrement programmés, de même que des ballets et des pièces de théâtre. (Ovocný trh 1 ; narodni-divadlo.cz)

Église Saint-Nicolas

Écouter un concert classique

Staré Město est le quartier des meilleures salles de musique classique de Prague. Le **Rudolfinum** (p. 76) et la **salle Smetana** de la Maison municipale (p. 99) brillent par leur acoustique et par le talent de leurs musiciens. Un peu partout également, les églises de la Vieille Ville ouvrent leurs portes à de bons concerts de musique de chambre, notamment l'**église Saint-Nicolas** (p. 85) sur la place de la Vieille Ville, et l'**église Saint-Jacques-le-Majeur** (p. 94), avec son orgue superbe et sa célèbre acoustique. Le **théâtre des États** (p. 99) accueille de temps en temps de très bons concerts baroques.

AghaRTA Jazz Centrum

JAZZ

24 PLAN P. 90, D2

L'AghaRTA, qui programme le meilleur du jazz moderne, du blues, du funk et de la fusion depuis 1991, a déménagé dans cet endroit central de la Vieille Ville en 2004. Outre la typique cave de jazz, avec voûtes en brique rouge, le centre comprend aussi une **boutique** (19h-minuit) qui vend des CD, des T-shirts et des mugs. (Železná 16 ; agharta.cz)

Jazz Republic

MUSIQUE LIVE

25 PLAN P. 90, C3

Ce club à l'ambiance décontractée ne propose pas seulement du jazz, mais aussi rock, blues, reggae, fusion et autres styles musicaux. Les groupes sont locaux pour la plupart et la musique n'est pas trop forte, ce qui permet de tenir une conversation, quitte à provoquer les "chut !" des puristes. Entrée libre, mais réservez pour les places assises. (Jilská 1a ; jazzrepublic.cz)

Shopping

Kavka

LIBRAIRIE

26 PLAN P. 90, B4

Sans doute la meilleure adresse de Prague pour dénicher des livres sur l'art et la photographie tchèques. Il y a de tout, des beaux livres aux reproductions en petit format, et tous les styles et artistes du pays sont présents. Possède aussi une boutique en ligne. (angle Krocínova et Karolíny Světlé ; kavkaartbooks.com)

Modernista

ARTICLES POUR LA MAISON

Enseigne de design spécialisée en reproductions de meubles, céramiques, verreries et bijoux du XXe siècle (Art déco, cubisme, fonctionnalisme, Bauhaus, etc). Cette enseigne, installée dans le centre d'information de la Maison municipale (voir 1 plan p. 90, F1), met l'accent sur la bijouterie et la céramique. (náměstí Republiky 5 ; modernista.cz)

Manufaktura

ART ET ARTISANAT

27 PLAN P. 90, C2

Il existe une douzaine de points de vente Manufaktura comme celui-ci dans la capitale, mais cette enseigne proche de la place de la Vieille Ville semble maintenir une offre particulièrement attrayante. Vous y trouverez de magnifiques jouets en bois tchèques, un succulent pain d'épices au miel sorti d'un moule médiéval sophistiqué, ou encore des cadeaux de saison comme des œufs de Pâques peints à la main. (Melantrichova 17 ; manufaktura.cz)

Botanicus

COSMÉTIQUES

28 PLAN P. 90, D1

Installée depuis le milieu des années 1990, cette chaîne tchèque désormais internationale propose des produits de beauté et de bien-être à base de plantes cultivées dans une ferme bio à Ostrá, à l'est de Prague. Les savons parfumés, huiles de bain et shampoings aux herbes, jus de fruits et papiers artisanaux constituent des souvenirs originaux. (Týn 3 ; botanicus.cz)

Perníčkův sen

NOURRITURE

29 PLAN P. 90, E1

De délicieux biscuits au gingembre et gâteaux juste sortis du four, sur place ou à emporter. (Haštalská ulice 21 ; www.pernickuvsen.cz)

Bric A Brac

ANTIQUITÉS

30 PLAN P. 90, D1

Une caverne merveilleusement encombrée de vieux accessoires pour la maison, objets en verre, jouets, flacons d'apothicaire, enseignes émaillées, vélos rouillés, machines à écrire et instruments à cordes. Malgré le désordre apparent, les babioles (dénichées dans les greniers et bennes à ordures de toute la Bohême) sont incroyablement chères mais le sympathique propriétaire assure la visite guidée et peut donner une explication pour chaque pièce de sa collection gigantesque. (Týnská 7 ; prague-antique-shop.com)

CZECH PRESS PHOTO
CITY TOURS

Explorer

Place Venceslas et ses environs

Sorte de large boulevard, la place Venceslas fut le théâtre de nombreux épisodes de l'histoire tchèque depuis sa création en 1348 et garde les traces de sa grandeur passée – voyez les splendides façades Art nouveau –, bien qu'elle soit aujourd'hui envahie de boutiques de souvenirs, de restaurants, d'hôtels, de clubs… et de touristes.

Notre sélection

- ***Place Venceslas (p. 104)*** *Théâtre de nombreuses contestations politiques, la plus grande place du pays est l'épicentre commercial de la capitale.*
- ***Musée national (p. 108)*** *Complètement rénové à l'intérieur et à l'extérieur, ce majestueux musée du XIXe siècle a retrouvé son statut de visite immanquable à Prague.*
- ***Musée Mucha (p. 108)*** *Un musée entier dédié à la vie et à l'œuvre du plus célèbre artiste pragois.*
- ***Bunker antiatomique de l'hôtel Jalta (p. 109)*** *Sous l'hôtel Jalta qui surplombe la place Venceslas depuis les années 1950, un abri antiatomique datant du communisme est ouvert au public depuis 2013.*
- ***Opéra d'État de Prague (p. 115)*** *Cet opéra récemment rénové est l'un des meilleurs d'Europe centrale.*

Comment y aller et circuler

M Lignes A et B station Můstek (en bas de la place) ; lignes A et C station Muzeum (en haut de la place).

Plan de la Place Venceslas et ses environs p. 108

Place Venceslas (p. 104) ROMAN KYBUS/SHUTTERSTOCK ©

Les incontournables

Se mêler à la foule place Venceslas

Marché aux chevaux (Koňský trh) et lieu des exécutions de Nové Město, la "Nouvelle Ville" décidée au XIVe *siècle par l'empereur Charles IV, la place Venceslas prit le nom du saint patron de la Bohême à la faveur du renouveau nationaliste du milieu du XIX*[e] *siècle. C'est là que fut fêtée la création de la république de Tchécoslovaquie en 1918 et annoncée la chute du régime communiste en 1989.*

PLAN P. 108, C3

Václavské náměstí

24h/24

M Můstek ou Muzeum

Mémorial à Jan Palach

Le **mémorial**, une croix en bronze sertie dans le pavé en contrebas des marches menant au Musée national, rappelle le geste dramatique de Jan Palach le 16 janvier 1969. Cet étudiant s'immola par le feu pour protester contre l'invasion soviétique d'août 1968 et la soumission du Parti communiste tchécoslovaque à l'URSS.

Radio Free Europe

Pendant la guerre froide, nombre de Tchèques et de Slovaques écoutaient les nouvelles de l'Ouest sur Radio Free Europe (RFE), financée par les États-Unis. Après 1989 et la chute du régime communiste, la radio déplaça son siège de Munich à Prague, dans l'ancien Parlement fédéral tchécoslovaque (à gauche du Musée national). En 2008, elle s'est installée dans la banlieue de Prague. L'**ancien siège** (Vinohradská 1 ; nm.cz ; tarif plein/réduit 350/220 Kč) est aujourd'hui une annexe du Musée national.

Statue de saint Venceslas

Installée en 1912 à l'extrémité sud de la place, **la statue équestre** du saint patron du pays, duc de Bohême de 925 à 929, est l'œuvre du sculpteur Josef Václav Myslbek. Quatre autres saints patrons de la région – Procope, Agnès, Ludmilla et Adalbert – l'entourent.

Grand Hotel Evropa

Superbe exemple d'architecture Art nouveau, ce grand **hôtel** situé au n°25 de la place en est l'édifice le plus ornementé et sans doute l'un des plus beaux. Construit entre 1902 et 1906, il a conservé sa superbe façade ainsi que nombre d'éléments intérieurs d'origine. Il était hélas fermé pour rénovation lors de notre passage.

★ À savoir

- Lors des jours fériés et des fêtes, des stands de nourriture et de boisson investissent la place.
- Surveillez vos effets personnels, surtout le soir : des pickpockets sévissent sur la place.
- Les restaurants de la place sont souvent des attrape-touristes. Vous trouverez d'autres adresses à proximité.

Une petite pause ?

Au sein du passage commerçant Lucerna, sur le côté sud de la place Venceslas (entrée depuis Vodičkova ou Štěpánská), l'élégante **Kavárna Lucerna** (p. 114), de style années 1920, est une adresse fantastique pour un café rapide.

Promenade à pied

Sur les traces de la révolution de Velours

Voilà plus de 30 ans que les Tchèques renversèrent pacifiquement le régime communiste (1989). Cette révolution, pour être de Velours, n'en marqua pas moins un tournant dans l'histoire du pays. Cette promenade vous fera passer par les sites des plus grandes manifestations, qui permirent ce changement.

Départ Národní třída ; Ⓜ Národní třída

Arrivée Ancien bâtiment de Radio Free Europe ; Ⓜ Muzeum

Distance et durée 1 km, 45 minutes

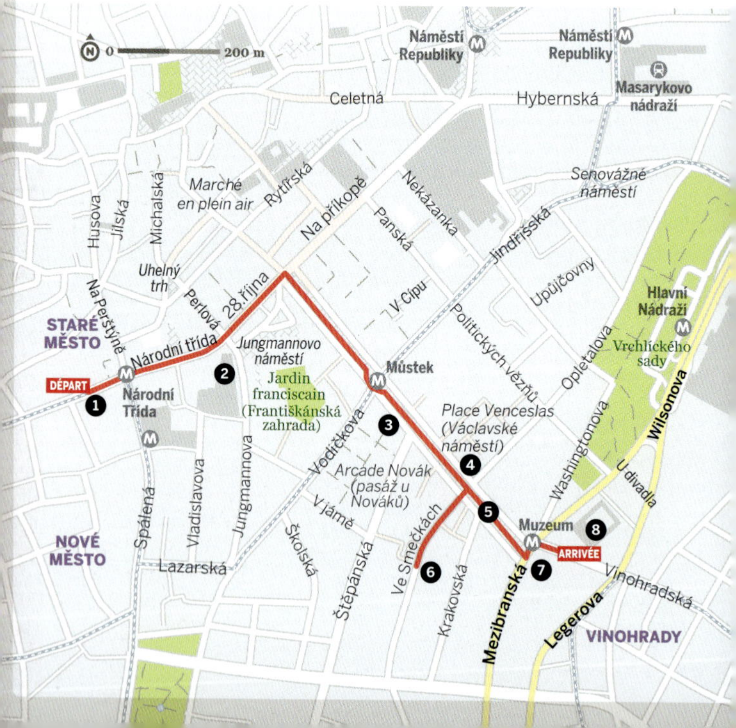

❶ Mémorial aux étudiants

Commencez à l'endroit où débuta la révolution elle-même. Le **monument** en bronze, sur le côté d'un cabinet d'avocats, commémore les événements tragiques du 17 novembre 1989, quand des dizaines de milliers d'étudiants qui défilaient à la mémoire des Tchèques tués durant la Seconde Guerre mondiale furent attaqués par la police antiémeutes.

❷ Palais Adria

De style rondocubiste (qui associe cubisme et éléments typiquement slaves), le beau **palais Adria** (p. 114) servit temporairement de siège au Forum civique, l'organisation formée par Václav Havel pour représenter les manifestants et leurs demandes. Durant les semaines qui suivirent le 17 novembre, ce lieu fut un vivier d'activité dissidente.

❸ Immeuble Melantrich

La protestation s'étendit rapidement à la place Venceslas, située non loin, et à l'**immeuble Melantrich**, désormais un Marks & Spencer. Le 24 novembre, Havel et Alexander Dubček, président destitué lors du "Printemps de Prague", s'adressèrent à la foule depuis le balcon de cet édifice.

❹ Hôtel Jalta

C'est depuis le balcon de l'**hôtel Jalta** (p. 109) que les journalistes occidentaux retransmettaient les grands événements historiques. Au sous-sol, un petit musée montre le système de micros très élaboré mis en place par la police secrète pour espionner les clients de l'hôtel.

❺ Statue de saint Venceslas

À l'extrémité supérieure de la place, la **statue de Venceslas** (p. 105) fut parée de drapeaux, affiches et slogans politiques.

❻ Théâtre Činoherní Klub

Les théâtres de Prague étaient utilisés pour des discussions publiques. Le Forum civique fut fondé le 19 novembre au **théâtre Činoherní Klub** (Ve Smečkách 26) et exigea immédiatement la démission des fonctionnaires communistes.

❼ Mémorial à Jan Palach

Face au **Musée national** (p. 109), le **mémorial à Jan Palach** (p. 105) est une croix incrustée dans le pavé ; elle rend hommage à un étudiant qui s'immola par le feu en 1969 pour protester contre l'invasion de la Tchécoslovaquie par le Pacte de Varsovie (alliance militaire groupant les pays d'Europe de l'Est et l'URSS). Il devint un héros national.

❽ Radio Free Europe

En haut de la place, à gauche du Musée national, se dresse l'ancien bâtiment de **Radio Free Europe** (p. 105), station de radio qui contribua à la chute du régime. Il abrite désormais une branche du Musée national.

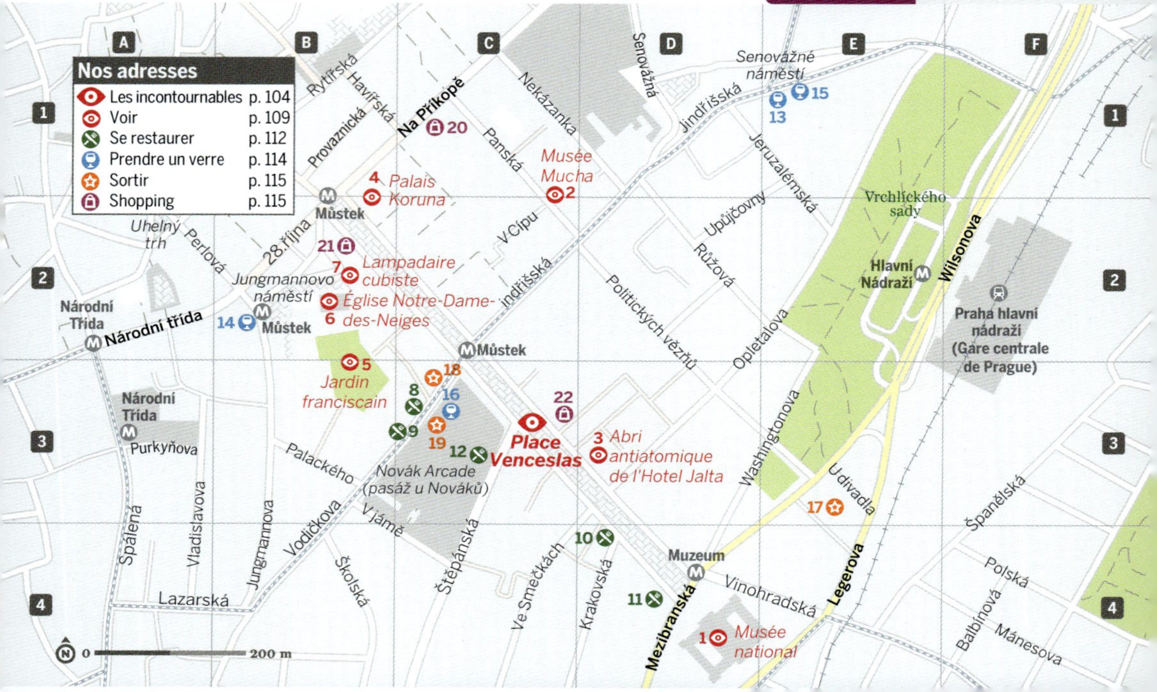
Nos adresses
Les incontournables p. 104
Voir p. 109
Se restaurer p. 112
Prendre un verre p. 114
Sortir p. 115
Shopping p. 115
A
B
C
D
E
F
1
2
3
4
1 Musée national
2 Musée Mucha
3 Abri antiatomique de l'Hotel Jalta
4 Palais Koruna
5 Jardin franciscain
6 Église Notre-Dame-des-Neiges
7 Lampadaire cubiste
8
9
10
11
12
13
14
15
16
17
18
19
20
21
22
Place Venceslas
Novák Arcade (pasáž u Nováků)
Praha hlavní nádraží (Gare centrale de Prague)
Hlavní Nádraží
Vrchlického sady
Můstek
Muzeum
Národní Třída
Národní třída
Na Příkopě
Rytířská
Havířská
Provaznická
Nekázanka
Senovážná
Senovážné náměstí
Jindřišská
Panská
Jeruzalémská
Upůjčovny
Růžová
V Cípu
Politických vězňů
Opletalova
Washingtonova
Wilsonova
U divadla
Legerova
Španělská
Polská
Balbínová
Mánesova
Vinohradská
Mezibranská
Krakovská
Ve Smečkách
Štěpánská
Školská
V jámě
Vodičkova
Palackého
Jungmannova
Jungmannovo náměstí
28. října
Perlová
Uhelný trh
Vladislavova
Spálená
Lazarská
Purkyňova
0
200 m
N

Voir

Musée national

MUSÉE

1 PLAN P. 108, D4

Conçu dans les années 1880 par Josef Schulz comme symbole architectural du Réveil national tchèque, ce splendide édifice de style néo-Renaissance présente des collections illustrant le développement culturel des pays tchèques. L'exposition permanente met l'accent sur le "miracle de l'évolution" et l'histoire du pays entre les VIIIe et XXe siècles. (Václavské náměstí 68 ; nm.cz ; tarif plein/réduit/-15 ans 350/220 Kč/gratuit)

Musée Mucha

MUSÉE D'ART

2 PLAN P. 108, C1

Ce musée fascinant présente les affiches, les peintures et les panneaux décoratifs Art nouveau d'Alfons Mucha (voir p. 113), dont les célèbres représentations de la comédienne Sarah Bernhardt, ainsi que des esquisses, des photos et des souvenirs. La figure de la jeune fille slave aux longs cheveux flottants, portant guirlandes et rameaux de tilleul, apparaît de façon récurrente.

Vous verrez aussi des clichés pris dans son atelier parisien (dont l'un montre Paul Gauguin sans pantalon jouant de l'harmonium), l'œuvre puissante *Vieille femme en hiver* et l'affiche originale de Sarah Bernhardt en Gismonda (1894) qui le rendit célèbre dans le monde entier.

En 1910, Mucha réalisa le décor de la salle du Bourgmestre dans la Maison municipale de

Musée national

Oppression et révolution

Du “coup de Prague” à l’invasion russe

En février 1948, le parti communiste tchécoslovaque, insatisfait du rôle qu’il occupe dans la coalition d’après-guerre issue des élections de 1946, s’empare du pouvoir avec l’appui de l’Union soviétique. Le “coup de Prague” signe le début d’un demi-siècle de bouleversements politiques. Les premières années du régime sont marquées par une vague de répression impitoyable. Les opposants politiques et de nombreux cadres du Parti, accusés de conspirer contre l’État, sont arrêtés et liquidés lors de procès théâtraux.

À la fin des années 1960, le secrétaire général du parti communiste, Alexander Dubček, lâche un peu de lest en instaurant un “socialisme à visage humain”, sorte de troisième voie entre communisme et capitalisme, qui s’accompagne d’un renouveau artistique dont Bohumil Hrabal, Václav Havel et Miloš Forman sont les principaux protagonistes. Mais dans la nuit du 20 au 21 août 1968, le régime soviétique mate ce “printemps de Prague”. Dubček est remplacé par Gustáv Husák, de la ligne dure.

La chute du communisme

Des milliers de personnes sont expulsées du Parti et perdent leur emploi. Une période de répression, désignée sous le terme de “normalisation”, s’installe jusqu’en 1989. La dissidence active se résume à quelques centaines de personnes, pour l’essentiel des intellectuels et des artistes, dont le dramaturge Václav Havel.

En 1989, tandis que s’écroulent les régimes communistes d’Europe de l’Est, le gouvernement est poussé à abandonner le pouvoir. Le 17 novembre, la police réprime violemment une manifestation pacifique. L’événement sert de catalyseur à la révolution.

Plus de 500 000 personnes investissent la place Venceslas. Un groupe mené par Havel obtient la démission du gouvernement le 3 décembre, et 26 jours plus tard, Václav Havel prend la tête du pays. La révolution de Velours – ainsi qualifiée en raison de sa nature pacifiste – a triomphé.

Le “divorce de velours”

La transition vers la démocratie ne se fait pas sans heurts, mais finit tout de même par aboutir. Ironie du sort, l’un des avatars de la révolution fut la séparation du pays en deux États, l’un tchèque, l’autre slovaque, en 1993, une rupture à l’amiable baptisée le “divorce de velours”.

Prague (p. 91). Après la création de la Tchécoslovaquie en 1918, il dessina les nouveaux timbres et les billets de banque du pays. Le documentaire sur sa vie présenté par le musée permet de mieux comprendre son œuvre. (Panská 7 ; mucha.cz ; tarif plein/réduit 300/200 Kč)

Abri antiatomique de l'hôtel Jalta ÉDIFICE HISTORIQUE

3 PLAN P. 108, D3

Place Venceslas, l'hôtel Jalta est bâti sur un abri antiatomique de l'époque communiste, construit en 1954 juste avant l'édification de l'hôtel, ouvert au public depuis 2013. La visite, conduite par un guide en uniforme de policier de l'époque, comprend plusieurs salles secrètes. Clou de la visite : la salle des communications, d'où l'on écoutait les conversations des clients de l'hôtel. Réservez la visite sur le site de l'hôtel. (Václavské náměstí 45 ; en.muzeum-studene-valky.cz/vstupne ; visite guidée en anglais tarif plein/réduit 400/330 Kč)

Palais Koruna ARCHITECTURE

4 PLAN P. 108, B1

Avec son design Art nouveau signé Antonín Pfeiffer, ce bâtiment abrite des boutiques et des bureaux. Sa tour couronnée de perles est caractéristique. Admirez sa façade au coin de Na příkopě, à l'entrée de la place Venceslas. (Václavské náměstí 1 ; www.koruna-palace.cz)

Jardin franciscain PARC

5 PLAN P. 108, B3

Une discrète oasis de paix et de verdure à l'ouest de l'agitation de la place Venceslas. On y accède par le bout de l'arcade Světovor débouchant sur Vodičkova, par l'arcade Alfa menant à la place Venceslas et par Jungmannovo náměstí. On y trouve de nombreux bancs, parfaits pour pique-niquer.

Église Notre-Dame des-Neiges ÉGLISE

6 PLAN P. 108, B2

La construction de cette église gothique, à l'extrémité nord de la place Venceslas, fut ordonnée au XIVe siècle par Charles IV. Seul le chœur fut achevé, ce qui lui donne l'air plus haute que longue. Charles IV désirait en faire la plus grande de Prague, mais les guerres hussites mirent un terme aux travaux. La nef est plus haute que celle de la cathédrale Saint-Guy, et l'autel est le plus haut de la ville. (Jungmannovo náměstí 18 ; pms.ofm.cz)

Lampadaire cubiste ART PUBLIC

7 PLAN P. 108, B2

Avec ses formes anguleuses, ce lampadaire cubiste en béton strié, unique au monde, est largement ignoré des passants.

Il a été conçu en 1913 par l'architecte Emil Králíček, à qui l'on doit aussi la pharmacie Adamova sur la place Venceslas et la Maison Diamant de la rue Spálená. (Jungmannovo náměstí s.n.)

Passage Lucerna SITE HISTORIQUE

Ce passage Art nouveau (voir 16 plan p. 108, C3) se déploie sous le palais Lucerna, entre les rues Štěpánská et Vodičkova. On peut y voir une œuvre de David Černý, pendant ironique de la statue équestre de saint Venceslas. (Palác Lucerna ; Vodičkova 36 ; lucerna.cz)

Se restaurer

Styl & Interier CAFÉ €€

8 PLAN P. 108, C3

Le passage en face de l'entrée du palais Lucerna sur Vodičkova mène à un repaire secret, un café rustique au jardin ceint de hauts murs. Entre deux achats, les Pragois investissent les drôles de fauteuils installés sous les frondaisons pour avaler un café, un gâteau, une quiche-salade ou un plat plus consistant. Réservation conseillée. (Vodičkova 35 ; gardensrestaurant.cz)

Cukrárna Myšák CAFÉ €

9 PLAN P. 108, C3

Ouvert par le confiseur František Myšák en 1911 et réaménagé par l'artiste Josef Čapek (frère de Karel) en 1922, le Myšák a survécu à une histoire mouvementée et est resté une *cukrárna* (pâtisserie) classique de Prague. Vous pourrez y déguster de succulents gâteaux et y prendre un café. Avec son emplacement central, vous ne pouvez pas passer à côté. (Vodičkova 31 ; mysak.ambi.cz)

Výtopna

EFESENKO/ALAMY STOCK PHOTO ©

Alfons Mucha

Affichiste, peintre, décorateur, Alfons Mucha (1860-1939) est probablement le plasticien tchèque le plus célèbre dans le monde et l'un des pères – si ce n'est le père – de l'Art nouveau, aux côtés de Gustav Klimt, William Morris ou Charles Rennie Mackintosh.

Il débute sa carrière comme décorateur à Vienne puis s'installe à Paris en 1887 pour parfaire sa formation artistique. Son portrait de Sarah Bernhardt (1895) pour la pièce *Gismonda* propulse sa carrière de dessinateur publicitaire ; il se rend plusieurs fois aux États-Unis, ce qui lui assure une reconnaissance internationale.

Mucha retourne dans son pays en 1909, et dessine les billets de banque de la première République tchécoslovaque après 1918. À cette époque, il produit aussi son grand œuvre, un ensemble de 20 tableaux gigantesques retraçant l'histoire des peuples slaves, et qu'il intitule *L'Épopée slave* (*Slovanská epopej*). Mucha est l'auteur des splendides intérieurs de la Maison municipale de Prague (p. 91) et du superbe vitrail de la cathédrale Saint-Guy (p. 42). Ses œuvres Art nouveau sont exposées au musée Mucha (p. 109).

Výtopna

TCHÈQUE €€

10 PLAN P. 108, D4

Vous avez un faible pour les trains ? Eh bien, essayez ce restaurant au concept original de la place Venceslas, où les boissons peuvent être servies par des trains miniatures sur de longs rails. Si vous réservez en ligne, précisez bien que vous désirez une table servie par un train. (Václavské náměstí 56 ; vytopna.cz)

Mangal

TURC €€

11 PLAN P. 108, D4

Un lieu paisible là où l'on s'y attend le moins, à deux pas de la place Venceslas. Ce restaurant de famille 100% turc propose kebabs, boulettes de viande ou encore *pide* (sorte de pizza turque garnie d'agneau émincé et/ou de fromage). (Václavské náměstí 64 ; mangalrestaurant.cz)

Dhaba Beas

VÉGÉTARIEN €

12 PLAN P. 108, C3

Les restaurants végétariens en self-service Dhaba Beas sont présents dans des quartiers méconnus de Prague depuis des années, mais cette version aux lignes épurées, dans le passage Lucerna, est facile à trouver et offre une sélection de salades, plats épicés et boissons saines. Des propositions qui changent agréablement du porc, même pour les carnivores patentés ! (Štěpánská 61, Pasáž Lucerna ; dhababeas.cz)

Prendre un verre

Vinograf

BAR À VINS

13 PLAN P. 108, E1

Avec son personnel compétent et son atmosphère décontractée, ce bar moderne est une excellente adresse pour découvrir les vins moraves. Il y a aussi de quoi grignoter. Réservation conseillée le week-end car on s'y bouscule. (Senovážné náměstí 23 ; vinograf.cz)

Offstage

BAR

14 PLAN P. 108, B2

Derrière le **palais Adria**, le bar du théâtre Divadlo Bez zábradlí est un endroit décontracté et assez haut de gamme pour qui veut savourer un cocktail, un verre de vin ou de bière. (Jungmannovo náměstí 36 ; offstagebar.cz)

Hoffa

BAR À COCKTAILS

15 PLAN P. 108, E1

Un long comptoir s'élève devant le vaste mur percé de grandes ouvertures donnant sur la fontaine de Senovážné náměstí et ses farfadets musiciens. Le personnel est chaleureux, les cocktails sont délicieux, et l'on y sert une bonne cuisine. Pensez à réserver. (Senovážné náměstí 22 ; hoffa.cz)

Kavárna Lucerna

CAFÉ

16 PLAN P. 108, C3

Le Lucerna, grand café le moins touristique de Prague, se trouve dans un passage commerçant de style Art nouveau conçu vers 1920 par le grand-père de Václav Havel. Ce petit bijou garni de faux marbre, de ferronneries et de lustres en cristal (*lucerna* signifie lustre en tchèque) est couronné d'un dôme de verre surplombant la célèbre sculpture de Černý, *Kůň*. (Vodičkova 36 ; www.restaurace-monarchie.cz/en/cafe-lucerna)

Sortir

Opéra d'État de Prague

OPÉRA

17 PLAN P. 108, E3

L'édifice néo-Renaissance de l'opéra d'État date de 1888 et abritait alors le Nouveau Théâtre allemand, pour les Pragois germanophones. Fastueusement rénové avant sa réouverture en 2020, c'est aujourd'hui le principal opéra de Prague. (Wilsonova 4 ; narodni-divadlo.cz)

Kino Světozor

CINÉMA

18 PLAN P. 108, C3

Les cinéphiles iront jeter un œil à ce cinéma d'art et d'essai en plein centre, où sont projetés toutes sortes de films, du cinéma tchèque aux classiques, en passant par les documentaires. Séances en VO ou sous-titrées en anglais (mention English-friendly sur le programme). (Vodičkova 41 ; kinosvetozor.cz)

Lucerna Music Bar

MUSIQUE LIVE

19 PLAN P. 108, C3

La nostalgie est reine dans cet ancien théâtre plein de cachet

Shopping "À la Douve"

Traversant la partie basse (nord) de la place Venceslas, Na Příkopě ("À la Douve") est l'une des promenades les plus fréquentées de Prague, et suit le tracé de la douve qui s'étendait jadis entre Staré Město et Nové Město pour protéger la Vieille Ville.

Au XIXe siècle, les cafés de Na Příkopě étaient en vogue auprès de la haute société autrichienne. Aujourd'hui, c'est une artère commerçante bordée d'enseignes internationales, mais aussi de grandes galeries marchandes, dont la "Rose Noire" (Černá Růže ; www.cernaruze.cz) au n°12, Myslbek pasáž (myslbek.com) au n°21, Slovanský dům (slovanskydum.cz) au n°22 et Palladium (palladiumpraha.cz) au n°1 de náměstí Republiky.

bien qu'un peu défraîchi. Il accueille des spectacles de tous styles – des stars tchèques aux guitaristes amateurs de tout le pays. Extrêmement populaire, la soirée années 1980 et 1990 revient chaque vendredi et samedi à 21h et fait le bonheur d'une clientèle, qui s'amuse sur Depeche Mode et Modern Talking. (Palác Lucerna, Vodičkova 36 ; musicbar.cz)

Shopping

Moser

CRISTALLERIE

20 PLAN P. 108, C1

Cristallerie de Bohême la plus respectée, Moser fut fondée dans la ville de Karlovy Vary (Carlsbad) en 1857. Elle doit sa célébrité à ses motifs d'une grande richesse. Vous ne ferez sans doute pas d'achats dans la boutique de Na Příkopě, mais le plaisir des yeux est garanti. Magnifiquement décoré, l'édifice gothique était jadis appelé la maison de la Rose Noire *(dům U černé růže)*. (Na příkopě 12 ; moser-glass.com)

Bata

CHAUSSURES

21 PLAN P. 108, B2

Fondé par Tomáš Baťa en 1894, cet empire de la chaussure, toujours dans le giron familial, est l'une des entreprises les plus prospères du pays. L'enseigne phare de la place Venceslas, construite dans les années 1920, est un chef-d'œuvre d'architecture moderne, dédié aux souliers, sacs à main, bagages et articles en cuir. (Václavské náměstí 6 ; bata.cz)

Palác Knih Neo Luxor

LIVRES

22 PLAN P. 108, C3

La plus grande librairie de Prague ! Vous y trouverez une vaste sélection d'œuvres de fiction ou non en anglais, allemand, français et russe, y compris des traductions d'auteurs tchèques. (Nádražní 30 ; www.neoluxor.cz)

Explorer

Nové Město

La "Nouvelle Ville" n'a de nouveau que le nom. La construction de ce quartier bouillonnant d'activité, qui borde Staré Město au sud et à l'est, fut décidée en 1348 par l'empereur Charles IV, qui souhaitait étendre la ville. Mais à la différence de Staré Město ou de Malá Strana, l'Histoire, ici, se fait moins palpable : le quartier a en effet été massivement reconstruit au XIXe siècle.

Notre sélection

- ***Théâtre national (p. 123)*** *Édifié à la fin du XIXe siècle grâce à des dons provenant de tout le territoire tchèque, il reste la scène numéro un du pays.*
- ***Kavárna Slavia (p. 122)*** *Le plus célèbre café du pays est un repaire de comédiens, d'écrivains et de touristes curieux.*
- ***Marché de producteurs de Náplavka (p. 125)*** *Le meilleur marché de la ville s'installe au bord des eaux placides de la Vltava.*
- ***Reduta Jazz Club (p. 125)*** *Le club de jazz le plus pointu de Prague n'a rien à envier à ses homologues à l'internationale.*
- ***U Fleků (p. 122)*** *Dans la brasserie la plus connue de la capitale, on brasse la bière depuis au moins 500 ans.*

Comment y aller et circuler

Tram : Prenez les lignes 2, 9, 18, 22 ou 23 jusqu'à Národní Třída.

M Ligne B jusqu'à Můstek ou Karlovo Náměstí ; ligne A jusqu'à Můstek.

Plan de Nové Město p. 118

Théâtre national (p. 123) STLJB/SHUTTERSTOCK ©

Nos adresses
Voir p. 119
Se restaurer p. 120
Prendre un verre p. 122
Sortir p. 123
Shopping p. 125
0 200 m
A
B
C
D
E
F
1
2
3
4
Smetanovo nábřeží
Divadelní
Národní třída
Bartolomějská
Na Perštýně
Národní Třída
Můstek
Palais Adria
Jardin franciscain (Františkánská zahrada)
Place Venceslas (Václavské náměstí)
Bibiliothèqe Václav Havel
Mikulandská
Národní Třída
K (sculpture de David Černý)
Purkyňova
Palackého
Palais Lucerna (Palác Lucerna)
Ostrovní
Voršilská
V Jirchářích
Pštrossova
Spálená
Vladislavova
Jungmannova
Vodičkova
V jámě
Union des malvoyants tchèques
Muzeum
Île Slovanský (Slovanský ostrov)
Masarykovo nábřeží
Nastruze
Opatovická
NOVÉ MĚSTO
Lazarská
Školská
Štěpánská
Ve Smečkách
Krakovská
Mezibranská
Křemencová
Černá
Šitkova
Vltava
Vojtěšská
Navrátilova
Příčná
Řeznická
Myslíkova
Odborů
Žitná
Na Zderaze
Spálená
Place Charles (Karlovo náměstí)
Malá Štěpánská
Na Rybníčku II
Place Jirásek (Jiráskovo náměstí)
Mémorial national aux victimes de la répression sous Heydrich
Karlovo Náměstí
Pont Jiráskův (Jiráskův most)
Resslova
Dittrichova
Václavská
Place Charles
Vyšehradská
Ječná
Lípová
Kateřinská
IP Pavlova

Voir

Musée du Communisme

MUSÉE

1 PLAN P. 118, E1

Fondé par un couple tchéco-américain, ce musée privé raconte les années tchécoslovaques derrière le rideau de fer, à travers des photos, des textes et une intéressante collection d'objets hétéroclites. L'exposition restitue l'atmosphère de la Tchécoslovaquie socialiste. On y voit des images rares du monument à Staline qui trôna un temps sur la terrasse de Letná. Ne manquez pas la vidéo sur les manifestations qui initièrent la révolution de Velours. (V Celnici 4 ; muzeumkomunismu.cz ; tarif plein/réduit 380/290 Kč)

Bibliothèque Václav Havel

BIBLIOTHÈQUE

2 PLAN P. 118, B2

Soutenue par la fondation qui protège l'héritage de Václav Havel (1936-2011), dramaturge représentant de l'opposition intellectuelle contre le pouvoir communiste devenu président, cette petite bibliothèque présente une exposition sur sa vie et son œuvre. Visite guidée en anglais à réserver par courriel. Les archives sont ouvertes aux chercheurs tous les mardis de 9h à 17h. (Ostrovní 13 ; www.vaclavhavel.cz ; entrée libre)

Musée du Communisme

Gare centrale de Prague

ARCHITECTURE

3 PLAN P. 118, F2

Important axe de transports, la gare centrale est aussi un bel édifice, en particulier le hall Art nouveau construit entre 1901 et 1909 sur les plans de Josef Fanta, auquel une récente rénovation a redonné toute sa splendeur. Gagnez le dernier étage pour mieux l'admirer. (Wilsonova)

Musée des Sens

CENTRE SCIENTIFIQUE

4 PLAN P. 118, E1

Avec ses illusions d'optique, ce centre interactif plaira à coup sûr aux plus jeunes. Faites-vous servir votre tête sur un plateau de fruits, pénétrez dans la discothèque de l'infini ou une salle de bains sens dessus dessous, ou couchez-vous sur un lit de clous. C'est aussi une des meilleures adresses pour un goûter d'anniversaire dans le centre de Prague. (Jindřišská 20 ; www.muzeumsmyslu.cz ; adulte/enfant 299/179 Kč)

K (sculpture de David Černý)

ART PUBLIC

5 PLAN P. 118, C1

La tête monumentale de Franz Kafka réalisée par David Černý se tient dans la cour du centre commercial Quadrio, au-dessus de la station de métro Národní Třída. Composée de disques mobiles en inox réfléchissant, l'œuvre de 39 tonnes tourne et se déforme, allusion à la personnalité changeante et aux doutes de l'écrivain. (Quadrio, Spálená 22)

Place Charles

PLACE

6 PLAN P. 118, C4

Couvrant plus de 7 ha, cette place est la plus vaste de Prague – elle s'apparente plutôt à un petit parc et il s'agissait jadis d'un marché aux bestiaux. Elle est dominée par l'**église Saint-Ignace** (Ječná 2), prouesse baroque conçue en 1678 par Carlo Lurago pour les Jésuites. Le parc autrefois miteux est depuis plusieurs années rattrapé par la gentrification.

Se restaurer

Café Imperial

INTERNATIONAL **€€**

7 PLAN P. 118, E1

Ouvert en 1914 et complètement rénové en 2007, ce fleuron de l'Art nouveau a conservé ses carreaux en céramique, mosaïques, panneaux sculptés et bas-reliefs d'origine, le tout rehaussé de luminaires et de bronzes d'époque. Le menu va des petits-déjeuners anglais aux classiques tchèques en passant par la caille rôtie. (Na poříčí 15 ; cafeimperial.cz)

Globe Bookstore & Café

CAFÉ **€**

8 PLAN P. 118, B3

Ce café-librairie d'expatriés sert *nachos*, burgers, et salades tous

Les bourreaux meurent aussi

La crypte de l'église Saints-Cyrille-et-Méthode abrite l'émouvant **Mémorial national aux victimes de la répression sous Heydrich** (Resslova 9a ; vhu.cz/muzea/ostatni-expozice/krypta ; entrée libre), en l'honneur des sept parachutistes tchécoslovaques impliqués dans l'assassinat du vice-gouverneur du Reich en Bohême-Moravie, Reinhard Heydrich. Après l'assassinat de l'officier SS, les parachutistes, entraînés par les services secrets britanniques dans le cadre de l'opération Anthropoid, se réfugièrent dans la crypte. Dénoncés, ils furent assiégés et abattus. On distingue encore les impacts de balles sur les murs de la crypte. Les nazis répliquèrent à cet attentat par une vague de terreur, rasant les villages tchèques de Ležáky et de Lidice. Cet épisode de la Seconde Guerre mondiale a inspiré de nombreux romans et longs-métrages, parmi lesquels *Les bourreaux meurent aussi* (1943) de Fritz Lang.

les jours jusqu'à 23h (22h le dimanche), mais aussi d'excellents brunchs (de 9h30 à 15h samedi et dimanche) à base de classiques américains (œufs, bacon et *hash browns*) et anglais, des crêpes aux myrtilles et des jus frais. Petits-déjeuners légers de 10h à 12h en semaine. (Pštrossova 6 ; globebookstore.cz)

Klub Cestovatelů

MOYEN-ORIENTAL €€

9 PLAN P. 118, A3

Ce restaurant-salon de thé aux airs d'Orient tenu par des globe-trotteurs cultive une atmosphère chaleureuse et détendue. Le lieu organise d'innombrables événements en lien avec l'univers du voyage (pas toujours en tchèque). Le menu du midi (109-129 Kč) est une aubaine. (Masarykovo nábřeží 22 ; www.hedvabnastezka.cz/klub-cestovatelu-praha)

Art Restaurant Mánes

FRANÇAIS €€

10 PLAN P. 118, A3

Dissimulé derrière l'étonnante façade fonctionnaliste aux airs de fin des années 1920 de la **galerie Mánes** (entrée libre), ce sublime restaurant est à la fois convivial et sophistiqué, avec ses lignes angulaires typiques de l'Art déco et ses plafonds ornés de fresques d'origine peintes par Emil Filla, artiste de l'avant-garde tchèque. Les influences internationales sont évidentes dans le menu, mais quelques classiques de la cuisine scolaire locale sont revisités de façon gastronomique. (Masarykovo nábřeží 1 ; manesrestaurant.cz)

Svatováclavská Cukrárna

CAFÉ €

11 PLAN P. 118, C4

Faites comme les grand-mères qui dégustent un gâteau dans ce *cukrárna* (salon de thé) typiquement tchèque. La carte offre un échantillon complet et sans chichis des pâtisseries de Bohême – le tout sous les briques et le verre de Václavská, arcade Art déco des années 1930 injustement méconnue. (Václavská pasáž, Nové Město)

Knedlín

QUENELLES €

12 PLAN P. 118, C1

Souvent absentes des cartes pour une raison que l'on ne s'explique pas, les quenelles tchèques sont régressives à souhait. Cette nouvelle cafétéria va plus loin avec des farces originales à la mangue et aux épices thaïes, mais garde aussi la version "cantine" à base d'abricot et de graines de pavot. Un repas bon marché et roboratif ! (Národní třída 24 ; knedlin.cz)

Prendre un verre

Kavárna Slavia

CAFÉ

13 PLAN P. 118, A1

Avec ses murs parés de merisier et d'onyx, ses tables de bistrot et ses grandes fenêtres donnant sur le fleuve, le plus célèbre des vieux cafés pragois fait figure de temple du style Art déco. Il s'agit aussi d'un lieu de rendez-vous littéraire depuis le début du XXe siècle, fréquenté en leur temps par Rainer Maria Rilke et Franz Kafka, puis par Václav Havel et d'autres dissidents durant les années 1970 et 1980. Parfait pour un café turc et une succulente part de gâteau en compagnie d'un bon livre. (Národní třída 1 ; cafeslavia.cz)

Café Louvre

CAFÉ

14 PLAN P. 118, C1

Ce café à la française au charme désuet est sans doute le plus accessible des grands cafés de Prague, aussi prisé aujourd'hui qu'au début du XXe siècle, lorsque le fréquentaient Franz Kafka et Albert Einstein. On y sert de la bonne cuisine et de l'excellent café. Ne manquez pas la salle de billard et la galerie d'art au rez-de-chaussée. (1er ét, Národní třída 22 ; cafelouvre.cz)

U Fleků

BRASSERIE

15 PLAN P. 118, B3

Joyeux dédale de salles où l'on boit ou mange, cette institution pragoise est souvent prise d'assaut par les groupes de touristes amateurs de fanfares et de Flek, la bière brune brassée maison titrant à 13° (40 cl, 69 Kč). La bière, excellente, saura convaincre les puristes. Hélas ! les prix, touristiques eux aussi, rebutent la clientèle locale. (Křemencová 11 ; ufleku.cz)

Kavárna Velryba

CAFÉ

16 PLAN P. 118, C2

La "Baleine" est un café-bar bobo au style minimaliste, d'ordinaire assez calme pour de vraies conversations, complété d'une arrière-salle et d'une galerie d'art en sous-sol. La carte inclut des en-cas convenant aux végétariens. La clientèle mêle étudiants tchèques, employés de bureau et voyageurs étrangers. (Opatovická 24 ; kavarnavelryba.cz)

Pivovarský Dům Benedict

BRASSERIE

17 PLAN P. 118, D4

L'ancienne "Maison de la Bière" a opéré une mue depuis la pandémie. La salle a été rafraîchie et vidée du matériel de brasserie qui prenait la poussière (il a été donné à un musée), tandis que le menu s'est internationalisé quitte à devenir un peu fade. Toutefois le pub, avec ses panneaux de bois, reste très plaisant, et la nouvelle bière Benedikt, brassée au monastère Břevnov de Prague, change agréablement de la Staropramen. (angle Ječná et Lipová ; www.pivo-dum.cz)

Sortir

Théâtre national

THÉÂTRE

18 PLAN P. 118, A1

Vénéré par les Pragois, le Théâtre national est un bel écrin pour des opéras, des pièces de théâtre et des ballets de grands maîtres tels Smetana, Shakespeare ou Tchaïkovski (le *Casse-Noisette* affiche systématiquement complet avant Noël), qui partagent la programmation avec des dramaturges et compositeurs

Café Louvre

Prague littéraire

La République tchèque est un poids lourd littéraire. Les noms de Franz Kafka et de Milan Kundera sont familiers de nombreux lecteurs, mais les racines littéraires du pays (et de sa capitale) sont plus profondes encore. Il n'est pas étonnant que le premier président de l'ère postcommuniste, Václav Havel, eût été un dramaturge.

Les grands noms de la littérature tchèque

Prague a été de longues années durant le lieu de résidence du fabuleux conteur Bohumil Hrabal (1914-1997), dont de nombreux titres ont été traduits en français. Le film adapté de son roman *Des trains étroitement surveillés* a remporté l'Oscar du meilleur film étranger en 1968. Autre grand nom, Jaroslav Hašek (1883-1923) a notamment écrit *Le Brave Soldat Chvéïk*, d'une véritable fulgurance comique. Le poète tchèque Jaroslav Seifert (1901-1986) a remporté le prix Nobel de littérature en 1984.

Les auteurs germanophones

Aux XIXe et XXe siècles, Prague était un centre de la littérature allemande. Kafka (1883-1924), écrivain juif germanophone, en reste la référence incontestée : ses romans, comme *Le Procès* ou *Le Château*, sont devenus des classiques. Mais Prague était également la ville de résidence de l'ami et éditeur de Kafka, Max Brod (1884-1968), ainsi que d'autres écrivains comme Egon Erwin Kisch (1885-1948) et Franz Werfel (1890-1945). Citons aussi Rainer Maria Rilke (1875-1926), l'un des plus célèbres poètes germanophones, qui naquit et étudia à Prague.

Nouvelles voix

L'époque moderne ne manque pas d'auteurs tchèques de talent : Jáchym Topol (né en 1962), Petra Hůlová (1979), Michal Viewegh (1962), Sylvia Richterová (1945), Michal Ajvaz (1949) et Radka Denemarková (1968) prennent progressivement place parmi les plus grands auteurs du pays, et sont aujourd'hui perçus comme les chroniqueurs d'une époque entièrement différente, postsoviétique. Encore récemment, peu d'entre eux avaient été traduits en français, mais la donne change progressivement. Citons notamment *Les Sept Églises* de Miloš Urban (Au Diable Vauvert, 2011), *Les Montagnes rouges* de Petra Hůlová (Éditions de l'Olivier, 2005) ou *L'Atelier du Diable* de Jáchym Topol (Noir sur Blanc, 2012).

modernes. Les billetteries sont installées dans l'édifice de Nový síň juste à côté, au palais Kolowrat (en face du théâtre des États) et à l'opéra d'État. Assister à un spectacle ici est une expérience éminemment tchèque. Tenue élégante requise. (Národní třída 2 ; narodni-divadlo.cz)

Reduta Jazz Club JAZZ

19 ✪ PLAN P. 118, C1

Fondé en 1958, le doyen des clubs de jazz pragois a vu Bill Clinton faire un bœuf en 1994 avec un saxophone offert par Václav Havel. Les clients, sur leur trente-et-un, s'installent sur des gradins ou des fauteuils pour écouter big bands et swing dans un cadre intime. Programme et réservation sur le site Internet. (Národní třída 20 ; redutajazzclub.cz)

Laterna Magika ARTS DE LA SCÈNE

20 ✪ PLAN P. 118, A1

Initiée pour l'Exposition universelle de Bruxelles en 1958, la Laterna Magika propose du "théâtre noir", des spectacles multimédia mêlant danse, musique, théâtre et projections d'images fixes ou animées. La Nová Scéna ("Nouvelle Scène"), extension de verre franchement laide du Théâtre national, accueille la Laterna Magika depuis son départ du palais Adria, dans les années 1970. (Nová Scéna, Národní třída 4 ; narodni-divadlo.cz)

Théâtre Image ARTS DU SPECTACLE

21 ✪ PLAN P. 118, C1

Cette compagnie fondée en 1989 fait appel au théâtre noir, un art de la pantomime mettant en scène des personnages vêtus de costumes phosphorescents éclairés par des ultraviolets, à la danse moderne et à la vidéo, sans oublier une bonne dose de comédie bouffonne. (Národní třída 25 ; imagetheatre.cz)

Wonderful Dvořák MUSIQUE CLASSIQUE

22 ✪ PLAN P. 118, E4

La jolie petite Vila Amerika (1717), ancienne résidence d'été d'un aristocrate, abrite aujourd'hui le **musée Dvořák** (nm.cz ; plein/réduit/-15 ans 50/30 Kč/gratuit) et accueille de mai à octobre des spectacles d'œuvres de Dvořák par un orchestre de chambre, en costumes d'époque. (Ke Karlovu 20, Vila Amerika ; musictheatre.cz)

Shopping

Marché de Náplavka MARCHÉ

23 PLAN P. 118, A4

Ce marché de producteurs hebdomadaire (8h-14h sam) tire le meilleur parti de sa situation entre Trojická et Výton. Vous y trouverez pain frais, légumes bio locaux, pâtisseries maison, miel, cidre tchèque et objets d'artisanat. (Rašínovo nábřeží ; farmarsketrziste.cz)

Promenade à pied

Vyšehrad, l'autre château de Prague

L'ensemble d'édifices et de monuments qui forment la citadelle de Vyšehrad joua, plus d'un millénaire durant, un rôle important dans l'histoire tchèque. Même si peu d'édifices d'origine ont survécu, la citadelle est toujours considérée comme le foyer spirituel de Prague et le lieu mythique de sa fondation. Le rocher offre une vue différente de la ville. Plus de précisions sur praha-vysehrad.cz.

Départ Porte Tábor ; M Vyšehrad

Arrivée Café Citadela ; Výtoň

Distance et durée 1,5 km, 1 heure

❶ Les anciennes portes

En allant vers l'ouest, à 10 minutes à pied de la station de métro Vyšehrad, on franchit la **porte Tábor** puis les vestiges de la **porte Špička**, de style gothique.

❷ Le plus ancien édifice de Prague

La **rotonde Saint-Martin** (rotunda sv Martina ; www.praha-vysehrad.cz), église romane du XIe siècle, est considérée comme le plus vieil édifice pragois. Elle a survécu aux guerres comme à la gentrification, et a servi de prison, de maison-Dieu et de poudrière. Elle est ouverte uniquement durant les offices (lundi et mercredi à 18h, samedi à 8h).

❸ Citadelle

Les voûtes secrètes de la **porte en brique** et des **casemates** (praha-vysehrad.cz ; tarif plein/réduit 130/80 Kč) servaient de lieu de garnison et de stockage d'armes au XVIIIe siècle, époque où Vyšehrad était une forteresse. En sous-sol, la **salle Gorlice** abrite des statues d'origine du pont Charles.

❹ Cimetière

Dans le **cimetière de Vyšehrad** (praha-vysehrad.cz ; entrée libre) reposent plusieurs personnalités tchèques, dont Antonín Dvořák, Bedřich Smetana et Alfons Mucha. Nombre de caveaux et de pierres tombales ont rang d'œuvre d'art.

❺ La dernière église du site

Surplombant le sud de Prague de ses flèches néogothiques, la **basilique Saints-Pierre-et-Paul** (praha-vysehrad.cz) est l'un des rares monuments de Vyšehrad à avoir échappé à la destruction lors des guerres de religion hussites en 1420. Visibles de loin, les deux flèches, devenues l'emblème de Vyšehrad, datent de la fin du XIXe siècle, époque du bref engouement pragois pour le néogothique. Elles sont l'œuvre d'un de ses représentants les plus illustres, Josef Mocker.

❻ Histoire en souterrain

La **cave gothique** (praha-vysehrad.cz ; tarif plein/réduit 90/60 Kč) présente une exposition sur l'histoire des fortifications de Prague qui permet de mieux replacer Vyšehrad dans le contexte historique.

❼ Bar avec vue

Le **Café Citadela** (facebook.com/cafecitadelavysehrad), bar en plein air le long des remparts sud de la forteresse, offre une ambiance décontractée et une jolie vue.

Explorer

Vinohrady et Žižkov

Très résidentiels, Vinohrady et Žižkov s'opposent sur bien des aspects. Vinohrady, jalonné d'édifices Art nouveau, est l'un des quartiers résidentiels les plus agréables et les plus prisés de la capitale. La "république populaire" de Žižkov est depuis le XIXe siècle un quartier ouvrier, aujourd'hui réputé pour ses pubs. L'un et l'autre valent le détour.

Notre sélection

- ***Café Kaaba (p. 137)*** *Niché dans un quartier à deux visages, ce café-bar est l'une des adresses les plus animées de la vie nocturne pragoise.*

- ***Église du Sacré-Cœur (p. 134)*** *Imaginée par un architecte slovène dans les années 1930, c'est sans doute l'église la plus singulière de Prague.*

- ***Mémorial national (p. 133)*** *Une visite au chef de guerre hussite Jan Žižka sur son puissant destrier, avant un petit cours d'histoire tchécoslovaque.*

- ***Tour de la télévision (p. 135)*** *La plus haute construction de Prague, sur laquelle grimpent dix gros bébés, est dotée d'un restaurant au sommet.*

- ***Riegrovy Sady (p. 134)*** *Réputé pour son beer garden, ce vaste parc est idéal pour échapper aux foules.*

Comment y aller et circuler

Tram 4, 10, 13, 16, ou 22 jusqu'à Náměstí Míru, 11 ou 13 jusqu'à Jiřího z Poděbrad.

M Ligne A jusqu'à Náměstí Míru, Jiřího z Poděbrad ou Flora.

Plan de Vinohrady et Žižkov p. 131

Mémorial national (p. 133) SUN FREEZ/ALAMY STOCK PHOTO ©

Promenade à pied

Pubs et bars à vins de Vinohrady et Žižkov

À Prague, rien ne vaut ces deux quartiers pour passer une bonne soirée. Les rues animées de Žižkov sont bordées d'un grand nombre de bars et de brasseries. Quant au quartier chic de Vinohrady, on y trouve, entre autres adresses branchées, d'excellents bars à vins et à cocktails.

Départ Vinohradský Parlament ; M Náměstí Míru

Arrivée Bukowski's ; Lipanská

Distance et durée 2,5 km, 1 heure

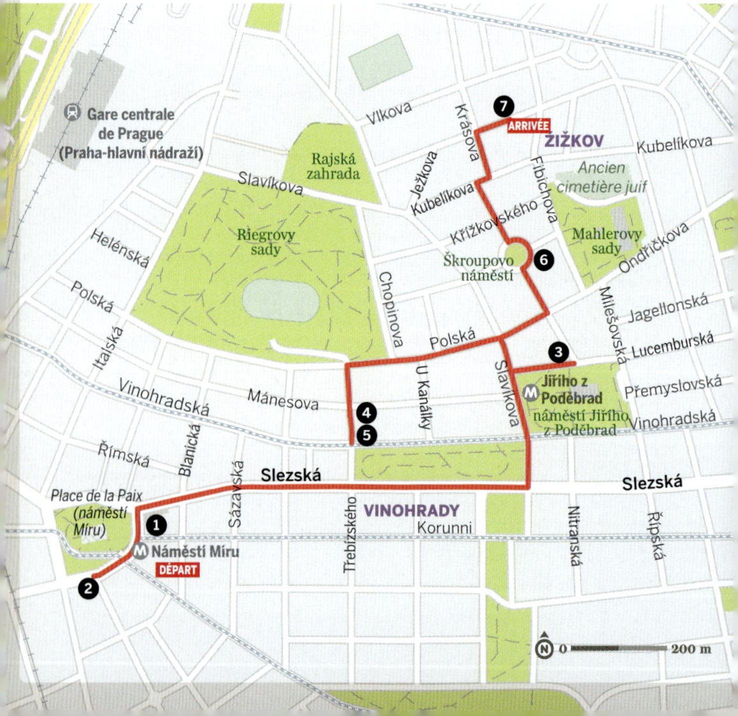

❶ Pour bien commencer

Idéal pour se mettre en train et rassasier les estomacs affamés, le **Vinohradský Parlament** (p. 136), sur la place de la Paix (náměstí Míru), sert une excellente cuisine de taverne traditionnelle avec une touche moderne, accompagnée des meilleures bières de la brasserie Staropramen.

❷ Soirée au "Musée"

En face de la place de la Paix, le **Prague Beer Museum** (Americká 43 ; praguebeermuseum.com), succursale d'une chaîne de pubs populaire née dans la Vieille Ville, met les petites bières régionales à l'honneur. Une petite trentaine de marques à la pression, dont des IPA, et cuisine de brasserie correcte.

❸ Vin et élégance à la française

À une station de métro, dans Jiřího z Poděbrad, **Le Caveau** (náměstí Jiřího z Poděbrad 9 ; broz-d.cz) sert le meilleur choix de crus français, à déguster avec des fromages et des en-cas raffinés. Amateur de vin, voilà une bonne adresse où commencer votre soirée !

❹ Cocktails chics

Envie de sophistication ? Le **Bar & Books Mánesova** (Mánesova 64 ; barandbooks.cz), bar à cocktails haut de gamme, a tous les atouts : salle luxueuse au décor de bibliothèque, alcools haut de gamme, et concerts le week-end.

❺ Danser au Termix

Pour une ambiance plus débridée, rendez-vous au **Termix** (p. 137), l'un des clubs gays les plus prisés de Prague. Le club est ouvert jusqu'au petit matin ! Vous pourrez y passer toute la nuit à danser.

❻ Petite mousse

Bar de quartier convivial, le **U Sadu** (Škroupovo náměstí 5 ; usadu.cz), plus prolétaire, est très apprécié des résidents âgés, des étudiants anticonformistes et des expatriés. Si vous avez un petit creux passé minuit, ce pourrait bien être la seule adresse où vous sustenter.

❼ Dernier verre

Dans la rue Žižkov, le **Bukowski's** (Bořivojova 86 ; facebook.com/bukowskisbar), très prisé des expatriés, porte le nom de l'écrivain américain et buveur invétéré Charles Bukowski. Dans une atmosphère sombre et de légère débauche, et une déco travaillée, les cocktails et les cigares sont de qualité, les barmen sympathiques, et la musique plaisante.

Nos adresses
Voir p. 133
Se restaurer p. 135
Prendre un verre p. 137
Sortir p. 138
0 400 m
A
B
C
D
1
2
3
4
5
6
NOVÉ MĚSTO
NaFlorenci
Masarykovo nádraží
Hybernská
Vrchlického sady
Wilsonova
Hlavní Nádraží
Gare centrale de Prague (Praha-hlavní nádraží)
Italská
Trocnovská
Kollárova
Pernerova
Thámova
9
Tunnel de Žižkov
Pražačka
Mémorial national
1
Žižkov Hill
Tachovské náměstí
15
14
Husitská
Prokopovo náměstí
Řehořova
Orebitská
Husinecká
Seifertova
Cimburkova
Miličova
Chlumova
Rokycanova
Havlíčkovo náměstí
Stade du FK Viktoria Žižkov
U Rajské Zahrady
Havelkova
Krásova
Víta Nejedlého
Seifertova
Lipanská
Lupáčova
Táboritská
Vlkova
ŽIŽKOV
16
Ancien cimetière juif
Kubelíkova
Rajská zahrada
Slavíkova
11
Kubelíkova
Křížkovského
Fibichova
Tour de la télévision
4
Velehradská
Ondříčkova
Radhošťská
Žižkovo náměstí
Riegrovy sady
2
Na Švihance
Škroupovo náměstí
Mahlerovy sady
Orlická
Heléńská
Španělská
Riegrovy sady
Chopinova
Krkonošská
Balbínová
Italská
13
Anny Letenské
10
Polská
Třebízského
18
U Kanálky
Polská
Église du Sacré-Cœur
3
Lucemburská
Jiřího z Poděbrad
Přemyslovská
5
Mánesova
17
Vinohradská
náměstí Jiřího z Poděbrad
Vinohradská
Římská
Blanická
Sázavská
Slezská
VINOHRADY
U Vodárny
7
Nitranská
Řípská
Slezská
Anglická
Place de la Paix
8
Korunní
Náměstí Míru
Budečská
Šumavská
Rumunská
Francouzská
Moravská
Dykova
Chorvatská
Americká
Belgická
Varšavská
Lužická
Chodská
Hradešínská
12
Londýnská
Slovenská
Na Šafránce
Záhřebská
Jana Masaryka
Ruská
6
Máchova
Voroněžská
Krymská
Donská
Kodaňská
Rybalkova
Havlíčkovy sady
A
B
C
D

Voir

Mémorial national

MUSÉE

1 PLAN P. 131, C2

Guère plus gracieuse qu'une centrale électrique, cette massive structure fonctionnaliste au sommet de la colline de Žižkov dissimule un riche intérieur Art déco rehaussé de marbre, d'or et de mosaïque. Elle héberge un passionnant musée qui traite de l'histoire nationale du XXe siècle et a un toit-terrasse qui offre une vue panoramique sur la ville. Bien que datant des années 1930, l'édifice reste pour beaucoup de Pragois lié à la Tchécoslovaquie communiste. Dans la salle centrale du monument se trouve un émouvant **mémorial de guerre** avec des sculptures de Jan Sturša. Y sont exposées des pièces ayant trait à la fondation de la République tchécoslovaque en 1918, à la Seconde Guerre mondiale, au coup de Prague en 1948, à l'invasion soviétique de 1968 et à ses retombées, et, enfin, à la révolution de Velours en 1989.

À l'étage, vous pourrez visiter la salle des honneurs et le salon présidentiel, mais la partie la plus surprenante est le **laboratoire** sous la salle de la Libération, où des scientifiques se démenèrent pour embaumer le corps de l'ancien dirigeant communiste Klement Gottwald, dont le mémorial fut le mausolée de 1954 à 1962.

Mémorial national

Exposé dans un sarcophage en verre dans la journée, le corps était descendu dans cette crypte carrelée tous les soirs pour de nouveaux soins. (U Památníku 1900, Žižkov ; nm.cz ; expo tarif plein/réduit/-15 ans 80/60 Kč/gratuit, toit-terrasse 80/60 Kč/gratuit, billet combiné 120/80 Kč/gratuit)

Jardins Rieger

JARDINS

2 PLAN P. 131, B4

Ce parc est le plus grand et le plus beau du quartier de Vinohrady. Il fut conçu au XIXe siècle dans la tradition des jardins à l'anglaise, et reste un bon endroit pour se promener au vert ou se prélasser dans l'herbe. Le fond du parc offre un beau point de vue sur le château de Prague. (entrée par la rue Chopinova, en face de Na Švíhance, Vinohrady ; entrée libre)

Église du Sacré-Cœur

ÉGLISE

3 PLAN P. 131, D4

Érigée en 1932 par l'architecte slovène Jože Plečník (auteur des ajouts de la décennie précédente au château de Prague), cette église est la plus originale de la capitale. Inspirée par les temples égyptiens et les basiliques chrétiennes, elle arbore un clocher massif percé d'une horloge ronde. Elle est ouverte au public durant les offices, mais vous devriez réussir à vous y faufiler en d'autres occasions. (náměstí Jiřího z Poděbrad 19, Vinohrady ; srdcepane.cz ; entrée libre)

Église du Sacré-Cœur

MIKHAIL MARKOVSKIY/SHUTTERSTOCK ©

Miminka ("Maman") : les bébés de la tour

Les étranges bébés qui semblent partir à l'assaut de la tour de la télévision de Žižkov faisaient partie d'une installation de 2000 – Prague était alors capitale européenne de la culture. Ils furent retirés à la fin de l'an 2000, mais le public protesta et on les réinstalla. Leur créateur, David Černý, est connu pour les polémiques qui entourent ses œuvres. En 2006, *Shark*, sa sculpture qui représentait Saddam Hussein ligoté dans un aquarium, fut interdite en Belgique et en Pologne, et son installation *Entropa*, réalisée pour marquer l'accession de la République tchèque à la présidence de l'Union européenne en 2009, a fait scandale. Elle représentait en effet les 27 pays de l'UE, réduits à des stéréotypes peu avantageux.

Tour de la télévision — VISITE

4 PLAN P. 131, D4

Avec ses 216 m, cette tour, plus haut édifice de Prague, est aussi, selon les goûts, son emblème le plus laid ou le plus futuriste. Elle fut érigée entre 1985 et 1992. Ne manquez pas d'approcher d'un peu plus près les bébés de David Černý qui l'escaladent et contemplez la ville depuis les platesformes d'observation. (Mahlerovy sady 1, Žižkov ; towerpark.cz ; tarif plein/réduit/3-14 ans/famille 300/230-250/190/640 Kč)

Nouveau Cimetière juif — SITE

5 PLAN P. 131, D4

Ce cimetière fut inauguré vers 1890 lorsqu'on ferma le Vieux Cimetière juif (dominé par la tour de la télévision). Pour rejoindre la **tombe de Franz Kafka**, suivez l'allée principale vers l'est (indiquée), tournez à droite dans l'allée n°21, puis à gauche au mur, et continuez jusqu'au bout du secteur. Les admirateurs de l'écrivain honorent sa mémoire le 3 juin, anniversaire de sa mort. L'entrée est à côté de la station de métro Želivského ; les hommes doivent porter un couvre-chef (des kippas sont disponibles à l'entrée). (Izraelská 1, Žižkov ; entrée libre)

Se restaurer

Benjamin — INTERNATIONAL €€€

6 PLAN P. 131, D6

Vršovice manque peut-être de restaurants branchés, mais on y trouve l'une des meilleures tables gastronomiques de Prague. Benjamin ne reçoit que 10 convives par soir autour de son comptoir en fer à cheval. Vous aurez le choix entre un menu de 5 ou 8 plats, avec des mets originaux inspirés de recettes tchèques. Réservation obligatoire. (Norská 602/14, Vršovice ; benjamin14.cz)

Le style de Bruxelles

Lorsque les Tchèques parlent du style de Bruxelles, ils ont à l'esprit la reconnaissance internationale qu'ils obtinrent lors de l'Exposition universelle de Bruxelles en 1958, en dépit des contraintes imposées par le régime communiste. Plus d'une centaine de créateurs furent primés lors de la cérémonie de clôture dans le restaurant du pavillon tchèque, notamment Jaroslav Ježek qui remporta un prix pour son service à café Elka. Les critères esthétiques de cette période se retrouvent dans la décoration du **Café Kaaba** (p. 137). Pour en savoir plus sur l'art de l'époque, rendez-vous au **palais Veletržní** (p. 142).

Kofein

ESPAGNOL **€€**

7 PLAN P. 131, C5

Cela fait déjà longtemps que l'on trouve des tapas à Prague, mais ils sont rarement aussi bons que dans ce restaurant de famille à proximité de náměstí Jiřího z Poděbrad. Au menu : crevettes tigrées, poulpe grillé, jambon ibérique, fromage à raclette... Ici, pas de plats tchèques, mais la carte des vins est étonnamment patriotique, on y trouve même des vins rouges de Bohême produits à Mělník. Pensez à réserver. (Nitranská 9, Vinohrady ; ikofein.cz)

Vinohradský Parlament

TCHÈQUE **€€**

8 PLAN P. 131, A5

Ce gastropub, clair et lumineux, possède une jolie salle de style Art nouveau et une brigade inventive en cuisine, prompte à délaisser les classiques porc et canard au profit d'autres viandes tchèques traditionnelles comme l'oie, le lapin et le sanglier. Le lieu étant souvent bondé, appelez pour réserver une table. (Korunní 1, Vinohrady ; vinohradskyparlament.cz)

Hostinec U Tunelu

TCHÈQUE **€**

9 PLAN P. 131, D1

À l'entrée du tunnel piétonnier reliant Žižkov et Karlín, cette taverne de style rétro années 1920 est ouverte seulement en semaine et propose des plats du jour (jusqu'à 14h) avec un mélange d'ingrédients locaux et plus exotiques. Plus tard, place aux en-cas accompagnant parfaitement la bière Konrad ou Kocour : fromage frit, saucisses au vinaigre et bœuf au raifort, le tout dans une salle à manger sobre, en bois. (Thámova 1 ; utunelu.cz)

Pastička

TCHÈQUE **€€**

10 PLAN P. 131, B4

Ce chaleureux bar-restaurant, assorti d'une petite cour carrelée à l'arrière, est idéal pour boire une bière ou manger un morceau. La décoration est un heureux mariage entre le Prague des années 1920 et un pub irlandais. On vient surtout pour l'Urquell, mais les plats – tant les spécialités tchèques que les mets internationaux – valent le détour. (Blanická 25, Vinohrady ; www.restaurace-pasticka.cz)

The Tavern

BURGERS **€**

11 PLAN P. 131, B3

Ce restaurant de burgers cosy est l'œuvre d'un couple d'expatriés américains désireux de réaliser le hamburger parfait à coup de produits bio. Également de délicieux sandwichs au porc effiloché et divers burgers végétariens. Réservez via le site Internet. (Chopinova 26, Vinohrady ; thetavern.cz)

U Bulínů

TCHÈQUE **€€**

12 PLAN P. 131, B5

De délicieux plats traditionnels servis dans un cadre aussi désuet que chaleureux. Goûtez le goulasch et ses galettes de pommes de terre, les *strapačky* (gnocchis de farine et de pommes de terre servis avec du fromage de brebis) et autres spécialités locales. Plats du jour de qualité et petite terrasse. (Budečská 2 ; www.restauraceubulinu.cz)

Prendre un verre

Café Kaaba

CAFÉ

13 PLAN P. 131, A4

Cet élégant petit café-bar, aménagé avec un mobilier rétro et décoré de tons pastel, semble

Jardins Rieger

Emplettes et détente

Toujours animée, la place Jiřího z Poděbrad – abrégée en "Jiřák" pour ceux qui parlent tchèque, en "JZP" parfois pour les autres – est bordée de cafés, de bars et de restaurants tendance. Les bancs installés devant l'église du Sacré-Cœur-de-Jésus (p. 134) sont parfaits pour regarder les passants. Toute l'année sauf en janvier, du mercredi au samedi, un marché de producteurs occupe la place toute la journée. Beaucoup de Pragois y consacrent leur samedi. Après avoir fait leurs achats en début de journée ils restent sur la place pour pique-niquer.

tout droit sorti d'un magazine de décoration des années 1960. On y sert un excellent café. (Mánesova 20, Vinohrady ; www.facebook.com/people/Kavárna-Kaaba/100057285895043)

U Slovanské Lípy

PUB

14 PLAN P. 131, D2

Ce bar de Žižkov, d'apparence quelconque quoique le plus ancien du quartier, voit défiler les amateurs tchèques de lager, friands de son large choix de bières artisanales rares de tout le pays, de la Krušnohor, du nord-ouest reculé du pays, à l'Albrecht, de la lointaine Frýdlant. (Tachovské náměstí 6, Žižkov ; uslovanskelipy.cz)

Planeta Žižkov

PUB

15 PLAN P. 131, D2

Le légendaire Planet est un merveilleux bar de Žižkov servant des chopes d'Urquell et de Kozel bien fraîches, ainsi que des portions gargantuesques de spécialités tchèques comme le fromage frit, le jarret de porc ou le goulasch avec knödels. La décoration est éclectique, avec des écharpes de l'équipe de foot Viktoria Žižkov et des meubles dépareillés. La clientèle se compose majoritairement d'habitants du quartier. (Tachovské náměstí 1 ; planetazizkov.cz)

Sortir

Palác Akropolis

CLUB

16 PLAN P. 131, C3

Ce sanctuaire labyrinthique, dédié à la musique et au théâtre alternatifs, est une institution pragoise. Ses différentes salles accueillent une multitude d'événements musicaux, des soirées DJ aux concerts de quatuor à cordes en passant par les groupes macédoniens, les légendes locales du punk et les talents étrangers, comme Marianne Faithfull, The Flaming Lips et The Strokes. (Kubelíkova 27, Žižkov ; palacakropolis.cz)

Techtle Mechtle

CLUB

17 PLAN P. 131, B4

Situé dans une cave, ce bar-club a fait jaser le pays durant la pandémie – mais mieux vaut ne pas en parler. Son nom signifie littéralement “affaires clandestines” – et c’est précisément cela (et non un virus respiratoire) que recherchent la plupart des stars tchèques qui fréquentent l’endroit. Outre le bar à cocktails, l’établissement abrite un restaurant correct et une piste de danse. Arrivez tôt. (Vinohradská 47, Vinohrady ; techtle-mechtle.cz)

Termix

CLUB

18 PLAN P. 131, B4

L’un des clubs gays les plus prisés de Prague, à la clientèle composée autant de touristes que de Pragois. La piste, de dimension modeste, se remplit assez vite. (Třebízského 4a, Vinohrady ; club-termix.cz)

Explorer

Holešovice

Holešovice est la partie ouvrière de Prague. Par endroits délabré (notamment dans sa partie est), cet ancien quartier industriel s'embourgeoise lentement, devenant le "quartier artistique" de Prague. Le café en plein air, au sommet de la colline de Letná, est un rendez-vous agréable. Quant au palais Veletržní, où sont exposées les collections d'art moderne et contemporain de la Galerie nationale, c'est peut-être le musée le plus injustement méconnu de la capitale.

Notre sélection

- ***Palais Veletržní (p. 142)*** *Fleuron du quartier, la collection d'art moderne et contemporain de la Galerie nationale.*
- ***Zoo de Prague (p. 146)*** *Le meilleur zoo du pays est aménagé sur une colline escarpée, sur la rive nord de la Vltava.*
- ***Musée technique national (p. 145)*** *L'un des meilleurs endroits de la capitale pour les enfants, en particulier les jours de pluie.*
- ***Jardins de Letná (p. 145)*** *Surplombant le centre historique, ce parc est un lieu fabuleux pour déguster une bière ou dérouler une couverture de pique-nique.*
- ***The Eatery (p. 146)*** *Holešovice est la dernière banlieue de Prague "qui monte", grâce à la nourriture et à la vie nocturne de lieux comme celui-ci.*

Comment y aller et circuler

Tram 1, 8, 12, 25, 26 jusqu'à Letenské náměstí ; 1, 6, 8, 12, 25, 26 jusqu'à Strossmayerovo náměstí.

M Ligne C jusqu'à Vltavská ou Nádraží Holešovice.

Plan de Holešovice p. 144

Place Strossmayerovo, Holešovice SHARKSHOCK/SHUTTERSTOCK ©

Les incontournables

Faire le plein d'art au palais Veletržní

Les collections de la Galerie nationale rassemblent des œuvres d'art du XIXe siècle à nos jours, que se doivent d'aller admirer les amateurs d'art, notamment impressionniste, constructiviste, cubiste et surréaliste. Les impressionnistes français, les grands noms comme Egon Schiele, Gustav Klimt et Pablo Picasso, et la génération talentueuse d'artistes tchèques des années 1920 et 1930 sont ainsi bien représentés.

PLAN P. 144

Palais des foires et expositions

ngprague.cz

Dukelských hrdinů 47

Tarif plein/réduit 250/140 Kč

1, 6, 8, 12, 14, 17, 25, 26

M Vltavská

Collection française

Grâce à un engouement durable en Bohême pour la peinture française, le 3e étage du palais-musée est particulièrement bien doté en art français du XIXe siècle tardif et du XXe. Eugène Delacroix, Auguste Rodin, Claude Monet, Paul Gauguin, Auguste Renoir, Paul Cézanne et Pablo Picasso font partie des artistes représentés. Admirez *Le Gué (ou La Fuite*, 1902) de Gauguin et l'*Autoportrait* (1907) de Picasso.

Art tchèque avant-gardiste

Le musée héberge aussi l'une des plus intéressantes collections d'art tchèque de l'entre-deux-guerres (1918-1938) dans le pays. Parmi ses chefs-d'œuvre figurent les créations de František Kupka, l'un des pionniers de l'abstraction et les peintures, céramiques et mobilier d'artistes cubistes qui offrent un parallèle intéressant avec la scène artistique parisienne de l'époque.

Le "long" siècle

Le 4e étage regroupe des paysages et portraits du XIXe siècle (qui s'étend ici de 1796 à 1918). L'exposition présente notamment des œuvres de Gustav Klimt, Egon Schiele et Edvard Munch pour ne citer qu'eux. Signalons *Les Vierges* sensuelles et colorées de Klimt et, beaucoup plus sombre et prémonitoire, la *Femme enceinte et la mort* de Schiele, réalisée 7 ans avant le décès du peintre et de son épouse en 1918, emportés par la grippe espagnole.

Galerie nationale de Prague

Le palais Veletržní ne représente qu'une branche de la Galerie nationale. Achetez un billet à 500 Kč pour accéder à tous les bâtiments contenant des collections permanentes, notamment le palais Schwarzenberg, le palais Sternberg (p. 50) et le couvent Sainte-Agnès (p. 75).

★ À savoir

- Le musée est immense. Si vous ne disposez que d'une heure ou deux, concentrez-vous sur les œuvres majeures que nous mentionnons.
- Pour les moins de 26 ans l'entrée est libre.
- La boutique du musée vend des cartes postales et des souvenirs.

Une petite pause ?

Commode pour un expresso, le café du musée (10h-18h mar-dim) se situe au rez-de-chaussée.

Juste de l'autre côté de la rue, **U Houbaře** (Dukelských Hrdinů 30 ; u-houbare.cz) est un pub à l'ancienne, avec un menu bon marché.

Nos adresses
Les incontournables p. 142
Voir p. 145
Se restaurer p. 146
Prendre un verre p. 148
Sortir p. 149
0 500 m
A
B
C
D
E
F
1
2
3
4
Stromovka
Parc des expositions 3
Parc Stromovka
Za elektrárnou
U Výstaviště
Výstaviště
Partyzánská
Praha-Holešovice zastávka
Nádraží Holešovice
Železničářů
Jankovcova
16
Plynární
Vrbenského
Ortenovo náměstí
Centre DOX pour l'art contemporain
Poupětova
U Měšť' pivovaru
4
10
Argentinská
U průhonu
Osadní
Přístavní
HOLEŠOVICE
Komunardů
18
9
Dělnická
Tovární
12
Tusarova
Jateční
17
7
Bubenské nábřeží
Argentinská
Za viaduktem
Žst Praha Bubny
Bubenská
Strojnická
Janovského
Dukelských hrdinů
Veletržní
Palais Veletržní
15
Veverkova
Heřmanova
Vltavská
Podplukovníka Sochora
13
Strossmayerovo náměstí
5
Kostelní
Františka Křížka
Strojnická
Umělecká
U akademie
U studánky
Kamenická
Heřmanova
Milady Horákové
8
Šmeralová
Čechova
Korunovační
Letenské náměstí
Veletržní
Nad štolou
Jirečkova
14
Letohradská
1 Musée technique national
Kostelní
Letenský Tunnel
6
11
2
LETNÁ
Jardins de Letná (Letenské sady)
nábřeží Kpt Jaroše
Pont Hlaků (Hlaků most)
Vltava
Ostrov Štvanice

Voir

Musée technique national MUSÉE

1 PLAN P. 144, B4

Ce musée présente avec brio l'héritage industriel du pays. Aucun risque de s'ennuyer. La visite commence dans le hall principal rempli jusqu'au plafond d'avions, de trains et d'automobiles d'autrefois, puis continue sur les thèmes de l'astronomie, de la photographie, de l'impression et de l'architecture. (Kostelní 42 ; ntm.cz ; tarif plein/réduit 280/150 Kč)

Jardins de Letná PARC

2 PLAN P. 144, B4

Ces charmants jardins, vaste parc implanté sur un promontoire dominant la Vltava, au nord de la Vieille Ville, ont l'attrait d'un splendide point de vue sur la ville, le fleuve et les ponts. L'endroit est idéal pour les balades ou pour prendre un verre dans le café en plein air Letná Beer Garden (p. 147), installé à l'extrémité est du parc. Depuis la Vieille Ville, remontez jusqu'à l'extrémité nord de Pařížská ulice, traversez le pont, puis empruntez l'escalier. Ou prenez le tram jusqu'à Letenské náměstí et marchez 10 minutes vers le sud. (entrée libre)

Parc des expositions Výstaviště LOISIRS

3 PLAN P. 144, C1

Un peu délabré, cet immense ensemble d'attractions et de bâtiments fut créé pour l'exposition du jubilé de 1891.

Musée technique national

GEORGIOS TSICHLIS/SHUTTERSTOCK ©

Centre DOX pour l'art contemporain

À quelques minutes en tram du palais Veletržní, le **Centre DOX pour l'art contemporain** (plan p. 144, F1 ; www.dox.cz) est un musée-galerie privé qui s'efforce de rendre à Holešovice sa réputation de centre névralgique de l'art moderne à Prague. Les multiples étages de ce bâtiment minimaliste occupent tout un coin de rue, faisant de cette galerie la plus spacieuse de la capitale. Art contemporain, photographies : les œuvres exposées sont variées et donnent matière à réfléchir. Son café et sa librairie sont tous deux excellents.

Il accueille principalement des salons et des concerts de rock en plein air, mais aussi une section du Musée national. À une courte distance à pied du parc Stromovka (p. 149). (Areál Výstaviště, Bubeneč)

Se restaurer

The Eatery

TCHÈQUE €€

4 PLAN P. 144, F1

De loin le meilleur restaurant de l'est de Holešovice. Dans un cadre sophistiqué, des plats à base d'ingrédients locaux et de saison sortent de la cuisine ouverte. Spécialités tchèques rehaussées d'une touche de modernité – bœuf braisé à la purée de pommes de terre et au crumble de moelle, ou encore faisan. La carte des vins est délicieusement longue. (U Uranie 18 ; theeatery.cz)

Bistro 8

INTERNATIONAL €

5 PLAN P. 144, C4

Cette rue se targue d'être la plus branchée d'Holešovice, et ce minuscule café-bistrot semble bien appuyer ces dires. Au menu : soupes et sandwichs préparés sur place, bel assortiment de gâteaux et de cafés. Quelques tables à l'intérieur, possibilité de s'installer sur le trottoir par beau temps. (Veverkova 8 ; www.bistro8.cz)

Letenský Zámeček

TCHÈQUE €€

6 PLAN P. 144, B4

Cette brasserie haut de gamme occupe le rez-de-chaussée d'un château du XIXe siècle, près du beer garden de Letná (p. 147). Ouvert toute l'année, il est particulièrement agréable entre mai et septembre, lorsque la terrasse est accessible, révélant au loin les flèches de la Vieille Ville. La carte est fortement imprégnée de cuisine tchèque, entre magret de canard à la purée de chou rouge et pièces de sanglier. (Letenské sady 341 ; www.letenskyzamecek.cz)

Tràng An Restaurace

VIETNAMIEN €

7 PLAN P. 144, E3

Le marché de Prague d'Holešovice (www.holesovickatrznice.cz), en (lente) rénovation, reste pour l'heure en piteux état. Ce discret restaurant familial est une bonne raison de venir y faire un tour. Faites la queue et commandez à partir de la grande carte illustrée. Nombreuses tables à l'intérieur et, par beau temps, tables de pique-nique à l'extérieur. Allez-y avant ou après les heures normales de repas pour éviter l'attente. (Bubenské nábřeží 306, bâtiment 5, Holešovická tržnice/Pražská tržnice ; facebook.com/asijskebistropodosmickou)

Mr Hot Dog

AMÉRICAIN €

8 PLAN P. 144, B3

Ce fast-food est réputé pour ses excellents hot dogs, mais ses mini-burgers et ses frites au fromage n'ont rien à leur envier ! À manger sur place sur un air de hip-hop ou à emporter – en allant ou en revenant du Letná Beer Garden, par exemple. (Kamenická 24 ; www.mrhotdog.cz)

Phill's Corner

INTERNATIONAL €

9 PLAN P. 144, F2

Dans un coin de rue, ce restaurant lumineux et moderne tire son inspiration du passé industriel de Holešovice et ses prouesses culinaires du monde entier, avec entre autres des saveurs asiatiques et moyen-orientales. À midi, le menu du jour met tout le monde d'accord : une soupe et un plat pour environ 150 Kč. (Komunardů 26 ; phillscorner.cz)

Pivovar Marina

ITALIEN €€€

10 PLAN P. 144, F1

Une alliance improbable mais réussie entre une excellente microbrasserie tchèque et le meilleur de la cuisine italienne. Côté boisson, notre préférence va à la bière blanche et à la blonde Přístavní 10°. Côté assiette, des pâtes succulentes et des plats comme le steak de bœuf Wagyu. Aux beaux jours, les tables disposées dehors offrent une vue plaisante sur la rivière. (Jankovcova 12 ; pivovarmarina.cz)

Prendre un verre

Letná Beer Garden

EN PLEIN AIR

11 PLAN P. 144, B4

Une tournée des bars du quartier ne saurait être complète sans une

Zoo de Prague

Au nord de Holešovice, dans le quartier de Troja, le **zoo** (hors plan ; plan p. 144 ; U Trojského zámku 3, Troja ; www.zoopraha.cz ; tarif plein/réduit/famille 250/200/800 Kč) occupe un domaine boisé de près de 60 ha sur les berges de la Vltava. Une excellente sortie avec des enfants. Il héberge les habituels girafes et gorilles, mais son troupeau de chevaux de Przewalski fait sa grande fierté. Sur place également : téléphérique miniature et aire de jeux.

halte au meilleur beer garden de la ville, jouissant d'un somptueux panorama, à l'extrémité orientale des jardins de Letná (p. 145). Achetez une bière au petit kiosque et installez-vous à une table de pique-nique. (Letenské sady 341 ; letenskyzamecek.cz)

Vnitroblock

CAFÉ

12 PLAN P. 144, F3

Voici l'adresse la plus cool de Holešovice en journée, cachée à l'arrière d'un bâtiment industriel, à la fois un restaurant éphémère, un magasin de baskets, un café et, avec ses œuvres contemporaines sur les murs, une galerie d'art. Les chiens sont couchés sous les tables pendant que leurs maîtres pianotent sur leurs ordinateurs portables. (Tusarova 31 ; vnitroblock.cz)

Cobra

BAR

13 PLAN P. 144, C3

À la fois café, table pour dîner et bar ouvert tard le soir : tout le monde trouve son bonheur grâce aux très bons thés et cafés, aux bières microbrassées et aux cocktails bien dosés. La soupe de la semaine et les plats sont délivrés depuis la cuisine ouverte. Options véganes. (Milady Horákové 8 ; barcobra.cz)

Café Letka

CAFÉ

14 PLAN P. 144, B4

Le Café Letka accueille tout un chacun dans son décor rustique et lumineux. Installez-vous à la grande table centrale ou près d'une fenêtre et commandez un café torréfié par les Berlinois de Five Elephants. Situé derrière le

Cross Club

Parc Stromovka

Plus grand parc du centre-ville, **Stromovka** (plan p. 144, A2 ; entrée rue Výstaviště ou 21 Nad Královskou obo rou, Bubeneč) a fait peau neuve ces dernières années et figure désormais parmi les plus jolis jardins de Prague. Terrain de chasse royal au Moyen Âge, les adeptes de footing, de vélo ou de rollers s'y donnent aujourd'hui rendez-vous. Les enfants escaladeront les branches noueuses des vieux arbres morts, tandis que les adultes admireront les superbes parterres de fleurs.

Musée technique national (p. 145), le café a une entrée commune avec le théâtre pour enfants Pidivadlo. (Letohradská 44 ; www.cafeletka.cz)

Kavárna Liberál — CAFÉ

15 PLAN P. 144, D3

Ce café à la viennoise cristallise l'ambiance du Prague des années 1920. En journée, c'est un endroit paisible pour profiter du Wi-Fi le temps d'un café ; en soirée, l'aspect pub prend le dessus. Des concerts sont régulièrement organisés au sous-sol. Au menu : café, bière, vin et plats légers comme des salades et des omelettes. Excellents cheese-cake et strudel aux pommes. (Heřmanova 6 ; facebook.com/kavarnaliberal)

Sortir

Cross Club — CLUB

16 PLAN P. 144, E1

Installé dans une zone industrielle de Holešovice, la musique aux pulsations lancinantes de ce club s'accorde au fouillis de gadgets, de puits d'aération, de manivelles et de tuyaux. Au programme : concerts et représentations théâtrales, entre autres. Café ouvert de 14h à 2h. (Plynární 23 ; crossclub.cz)

Jatka 78 — ARTS DU SPECTACLE

17 PLAN P. 144, F3

Dans un ancien abattoir du marché de Prague de Holešovice (p. 147), cet espace alternatif accueille des spectacles adaptés aux enfants, allant de la danse au cirque. (Bubenské nábřeží 306, halls 7 et 8, Pražská tržnice ; jatka78.cz)

La Fabrika — ARTS DU SPECTACLE

18 PLAN P. 144, F2

Ancien entrepôt de peinture, cet espace artistique accueille musique live (jazz ou cabaret), théâtre, danse ou films. Programme et réservation sur le site Internet. (Komunardů 30 ; lafabrika.cz)

9132

Carnet pratique

CRISTI CROITORU/SHUTTERSTOCK ©

Avant de partir

Hébergement

- L'air conditionné est très appréciable de mi-juin à fin août.
- Il peut être difficile de se garer. Si vous vous déplacez en voiture, réglez cette question en amont avec l'hébergeur et évitez les hôtels sur Malá Strana et dans la Vieille Ville.
- Pour faire des économies, louez une chambre simple ou double en auberge de jeunesse. Beaucoup sont d'un excellent rapport qualité/prix.
- Les sites de réservation en ligne proposent souvent des tarifs de dernière minute pour des hôtels haut de gamme.
- Malá Strana est très agréable, mais n'hésitez pas à chercher dans des quartiers plus périphériques, comme Vinohrady, Smíchov ou Holešovice : le centre-ville est accessible en transports en commun.

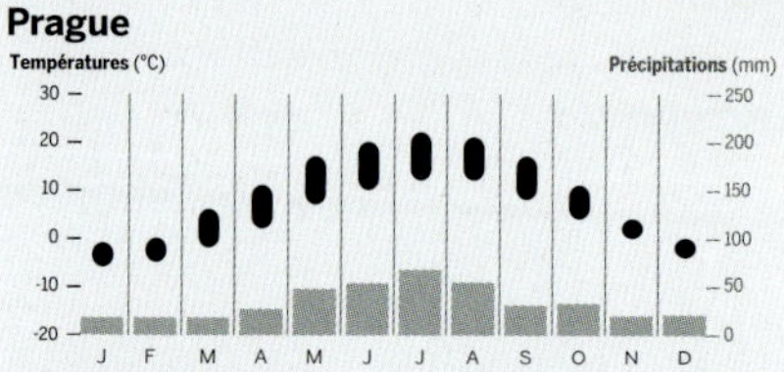

Quand partir

- **Printemps (avr-juin)** Hébergements pris d'assaut à Pâques et lors du festival du Printemps de Prague (mai).
- **Été (juil-août)** Mois ensoleillés. Tous les sites sont ouverts.
- **Automne (sept-oct)** Les températures se rafraîchissent. Certains sites ferment le 1er octobre pour l'hiver.
- **Hiver (nov-mars)** Cohue pour les fêtes de Noël malgré la neige et les tempêtes occasionnelles.

Sites Internet

La plupart des hôtels et locations de courte durée sont répertoriés sur les grands sites de réservation comme **Booking.com** (www.booking.com) ou **Airbnb** (www.airbnb.com). Certains services locaux peuvent parfois vous trouver des offres plus intéressantes ou mieux situées.

Prague City Apartments (www.prague-city-apartments.cz) Logement de courte et longue durée dans des studios pour une ou deux personnes et des appartements plus spacieux vers la Vieille Ville.

Apartments Praha 6 (apartments-prague6.com) Une entreprise familiale dans le quartier périphérique de Břevnov qui gère 15 appartements dans une banlieue calme, bien loin des foules qui envahissent la ville l'été.

Petits budgets

- **Sir Toby's Hostel** (sirtobys.com) Dortoirs dans un immeuble d'habitations, avec cuisine spacieuse et salle commune.
- **Sophie's Hostel** (sophieshostel.com)

Auberge de jeunesse au cadre contemporain.

- **Ahoy! Hostel** (ahoyhostel.com) Auberge de jeunesse tranquille, conviviale, et personnel aux petits soins.
- **Prague Central Camp** (praguecentralcamp.com) Camping le plus central de Prague, à Žižkov.
- **ArtHarmony** (artharmony.cz) Pension centrale à la décoration recherchée.

Catégorie moyenne

- **Romantik Hotel U Raka** (www.hoteluraka.cz) Hôtel au look rural dans le quartier paisible de Nový Svět.
- **Mama Shelter Prague** (www.mamashelter.com) Hôtel design à Holešovice.
- **Icon Hotel** (iconhotel.eu) Un hôtel design agréable et très bien équipé.
- **Hunger Wall Residence** (www.hungerwall-residence.com) Appartements dans une résidence centrale.
- **Dům U Velké Boty** (dumuvelkeboty.cz) Pension de charme donnant sur une place paisible.

Catégorie supérieure

- **Golden Well Hotel** (goldenwell.cz) Hôtel historique de luxe, sous les remparts du château.
- **Hotel Aria** (www.ariahotel.net) Le luxe d'un cinq-étoiles sur le thème de la musique.
- **Dominican Hotel** (www.axxoshotels.com/the-dominican) Dans un ancien monastère, un hôtel de caractère.
- **Almanac X** (www.almanachotels.com/praguex) Hôtel de luxe et restaurant étoilé.
- **Le Palais** (lepalaishotel.eu) Hôtel de luxe Belle Époque.

Arriver à Prague

Aéroport Václav-Havel de Prague

Aéroport international (K letišti 6, Ruzyně ; prg.aero) À 17 km à l'ouest du centre-ville.

- **Bus Airport Express (AE)** Circule entre l'aéroport et la gare principale toutes les 30 minutes de 5h à 21h30. Le billet (tarif plein/réduit 100/50 Kč) s'achète à bord.
- **Taxi.eu** (taxi-airport-prague.com) La compagnie de taxis officielle de l'aéroport. Les taxis font la queue devant les halls des

Un fil d'Ariane en voyage

Vous êtes ressortissant français ? Pensez à vous enregistrer sur le **portail Ariane** (pastel.diplomatie.gouv.fr/fildariane) du ministère des Affaires étrangères. Ce service gratuit vous permet de recevoir des alertes si la situation le justifie. Crise politique, catastrophe naturelle, attentat... recevez en temps réel des consignes de sécurité lors de votre voyage.

Il existe une application pour les Smartphones et les tablettes, intitulée *Conseils aux voyageurs*.

arrivées des deux terminaux. Comptez environ 700 Kč pour náměstí Republiky, en centre-ville.

- **Bus 119** Va jusqu'à la station de métro la plus proche de l'aéroport, Nádraží Veleslavín (ligne A). Un trajet pour le centre-ville coûte 100 Kč tarif (gratuit pour les moins de 15 ans), supplément bagages 20 Kč.

Depuis la France

- Vols depuis Paris, Lyon, Nantes, Nice, Strasbourg, Toulouse ou Marseille. Depuis Paris (durée 1 heure 45), comptez à partir de 130 € l'A/R, moins sur un vol low cost.
- **Air France** (wwws.airfrance.fr), **Czech Airlines** (ČSA ; csa.cz), **Hop!** (wwws.airfrance.fr/fr-fr/vols-court-courriers-air-france-hop), **Transavia** (transavia.com), **Smartwings** (smartwings.com/fr), **Volotea** (volotea.com/fr), et **Vueling** (vueling.com) se partagent l'essentiel des vols directs.

Depuis la Belgique

- **Czech Airlines** (ČSA ; csa.cz) et **Brussels Airlines** (brusselsairlines.com) assurent la liaison Bruxelles-Prague (durée 1 heure 30) à partir de 100 € l'A/R.

Depuis la Suisse

- Vols directs Prague-Genève (durée 1 heure 30) ou Zurich (1 heure 20) avec **Swiss** (swiss.com) à partir de 150 FS.

Depuis le Canada

- Vols Toronto-Prague (durée 10-11 heures, A/R à partir de 750 $CA) avec **Air Canada** (www.aircanada.com) ou via Toronto et/ou une ville européenne comme Zurich ou Francfort. Autre solution : passer par New York (New York-Prague à 650 $CA).

Praha Hlavní Nádraží Train Station

Pratiquement tous les trains internationaux arrivent à la gare centrale de Prague,

Tickets et forfaits

Les tickets sont les mêmes pour le métro, le tramway et le bus. Ils s'achètent dans les stations de métro et chez les marchands de journaux, jamais à bord. Si vous séjournez au moins une journée, il est plus simple d'acheter un forfait 1 ou 3 jours. Les enfants de moins de 15 ans et les seniors de plus de 65 ans voyagent gratuitement, mais doivent pouvoir présenter un justificatif d'identité avec photo.

Ticket trajet court 30 minutes ; tarif plein/réduit 30/15 Kč.

Ticket classique 1 heure 30 ; tarif plein/réduit 40/20 Kč.

Forfait 1 jour 24 heures ; tarif plein/réduit 120/60 Kč.

Forfait 3 jours 72 heures ; tarif unique 330 Kč.

Ticket bagages Pour les bagages volumineux (16 Kč).

Praha Hlavní Nádraží (Wilsonova 8, Nové Město ; cd.cz), reliée au reste de la ville par la ligne C du métro.

Certains trains arrivent à l'autre grande gare de Prague, **Praha-Holešovice** (Vrbenského, Holešovice ; cd.cz), reliée à la station Nádraži Holešovice par la ligne C du métro.

České dráhy (ČD ; cd.cz), la compagnie ferroviaire nationale tchèque, est intégrée au réseau ferré européen et est bien reliée aux pays frontaliers. Toutefois, se rendre à Prague en train depuis Paris, ou Bruxelles, demande plusieurs correspondances et prend au moins 13 heures. En revanche, un train de nuit direct relie quotidiennement Zurich à Prague en 13 heures 40 : voir le site des **Chemins de fer fédéraux suisses** (sbb.ch).

Gare routière de Florenc

La quasi-totalité des bus internationaux empruntent la **gare routière de Florenc** (Pod výtopnou 13/10, Karlín ; florenc.cz), desservie par les lignes B et C du métro. Des compagnies internationales comme **Flixbus** (global.flixbus.com), **RegioJet** (regiojet.cz) et **Eurolines** (eurolines.de/fr) ont leur agence dans cette gare.

Comment circuler

Prague a un excellent **système de transports publics** (dpp.cz). La Vieille Ville et le quartier du Château, assez compacts, se découvrent facilement à pied. Les temps de trajet entre les arrêts de tram sont indiqués à chaque arrêt et sur dpp.cz.

Métro

- Circule de 5h à minuit. Service rapide et fréquent.
- Ligne A (verte), entre Nemocnice Motol à l'ouest et Depo Hostivař à l'est ; la ligne B (jaune), entre Zličín au sud-ouest et Černý Most au nord-ouest ; et la ligne C (rouge) entre Háje au sud-est et Letňany au nord.
- Les stations de métro les plus pratiques sont entre autres Staroměstská (place de la Vieille Ville), Malostranská (Malá Strana), Můstek et Muzeum (place Venceslas) ainsi que Hlavní Nádraží (gare centrale).
- Il faut composter son ticket (*jízdenka*) dans les boîtiers jaunes dans le hall de la station de métro ou dans le bus ou le tramway au départ. Contrôles fréquents.
- Il faut des pièces de monnaie pour utiliser certains distributeurs de tickets des stations de métro et des principaux arrêts de tramway. Les tickets sont aussi en vente dans certains kiosques à journaux, ainsi que dans les offices du tourisme et aux guichets des stations de métro. Certaines machines permettent le paiement sans contact, mais les banques étrangères

prélèvent parfois une commission pour ce service.

Tram et bus

- Les lignes de tramway les plus utiles aux touristes sont la 22/23 (château de Prague, Malá Strana et pont Charles), les 17 et 18 (quartier juif et place de la Vieille Ville) et la 11 (Žižkov et Vinohrady).
- Trams et bus (dpp.cz) circulent tous les jours de 5 h à minuit. De nuit, les tramways n°91 à 99 et des bus 901 à 915 prennent le relais.
- La station Lazarská, à Nové Město, est la station de correspondance pour les lignes de nuit. Mieux vaut vérifier où se situe votre hôtel par rapport à ces services si vous rentrez tard.
- Peu de stations de bus ou de tramway vendent des tickets. Il faut les acheter dans une station de métro ou à un kiosque à journaux.

Taxi et covoiturage

- **Uber** (www.uber.com), **Bolt** (bolt.eu) et certains systèmes locaux comme **Liftago** (www.liftago.cz) proposent un service de VTC fiable à Prague et partout en Tchéquie. Applications et informations de paiement à charger sur votre mobile.
- Les taxis ordinaires sont très répandus et généralement fiables, mais attention aux escrocs. Ne hélez jamais un taxi dans la rue : réservez-le par téléphone (ou demandez à votre hôtel ou au restaurant de le faire pour vous). Assurez-vous que le chauffeur met en marche le compteur et demandez une fourchette de prix pour la course avant de monter dans le véhicule.
- En centre-ville, une modeste course coûte de 200 à 300 Kč ; pour se rendre en banlieue, comptez 4 500 Kč maximum, et de 600 à 700 Kč pour l'aéroport.

Voici deux services de radio-taxi fiables et honnêtes :

AAA Radio Taxi (☎ 222 333 222 ; aaataxi.cz)

City Taxi (☎ 257 257 257 ; www.citytaxi.cz)

Infos pratiques

Ambassade et consulats

Belgique (☎ 257 533 525 ; czechrepublic.diplomatie.belgium.be/fr ; Valdštejnská 6, Malá Strana ; M Malostranská)

Canada (☎ 272 101 800 ; www.international.gc.ca ; Ve struhách 95/2, Bubeneč ; 🚌 131, arrêt Nemocnice Bubeneč)

France (☎ 251 171 711 ; cz.ambafrance.org ; Velkopřevorské náměstí 2, Malá Strana ; 🚋 12, 15, 20, 22, 23 jusqu'à Malostranské Naměstí)

Suisse (☎ 220 400 611 ; www.eda.admin.ch/countries/czech-republic/fr/home/representations/ambassade-prague.html ; Pevnostní 7, Dejvice ; 🚋 1, 2, 18, 36)

Argent

- Cartes bancaires communément acceptées. DAB nombreux. Il n'est pas nécessaire d'avoir beaucoup de liquide sur soi.

- La couronne tchèque (Koruna česká, ou Kč) se divise en 100 haléřů (h), pièces minuscules qui ne sont plus en circulation. Les prix sont parfois indiqués en fractions de couronne : le total est alors arrondi à la couronne supérieure.
- Gardez votre monnaie pour les toilettes publiques et les distributeurs de billets de tram.

Pourboires

- Dans les bars et restaurants, ajoutez 10% à l'addition pour le service.
- Un moyen pratique pour déterminer la somme à laisser consiste à arrondir l'addition à la dizaine supérieure (ou à la cinquantaine, voire à la centaine pour les montants plus importants). Annoncez le total au serveur et tendez-lui l'argent.
- Il n'est pas nécessaire de laisser un pourboire au taxi, mais la tradition veut que l'on arrondisse la somme à la dizaine supérieure si le chauffeur vous a aidé d'une manière ou d'une autre.

Cartes de réduction

- Si vous prévoyez de visiter plusieurs musées, la carte de réduction Prague CoolPass (praguecoolpass.com) donne un accès gratuit ou à tarif réduit à environ 70 sites dont le château de Prague, l'ancien hôtel de ville, les musées de la Galerie nationale, le Musée juif, la tour panoramique de Petřín et Vyšehrad.
- La carte est valable de 1 à 7 jours et coûte 76/55 € tarif plein/réduit pour 2 jours.
- Achetez la carte sur le site Internet ou téléchargez l'application Prague CoolPass.
- On peut acheter la version physique de la carte dans différents musées, sites

Pour ne pas trop dépenser

- Oubliez taxis et VTC. Préférez-leur les transports en commun entre l'aéroport et la ville, puis la marche, le métro ou le tram.
- Côté repas, les pubs offrent le meilleur rapport qualité/prix. Prenez votre repas le plus copieux à midi, heure à laquelle beaucoup de restaurants proposent des plats du jour (cherchez le menu *denní ou polední*).
- La bière locale est beaucoup moins onéreuse que le vin.
- Payez par carte, ou utilisez les DAB pour retirer des couronnes (évitez le change à l'aéroport).
- Ne culpabilisez pas si vous délaissez les musées par manque de budget : Prague est une ville qui se découvre à l'extérieur, de préférence à pied.
- Au théâtre, les places les moins chères coûtent souvent dans les 200 Kč.

touristiques privés et boutiques.

- La carte Prague CoolPass ne donne pas accès au réseau de transports publics pragois.

Électricité

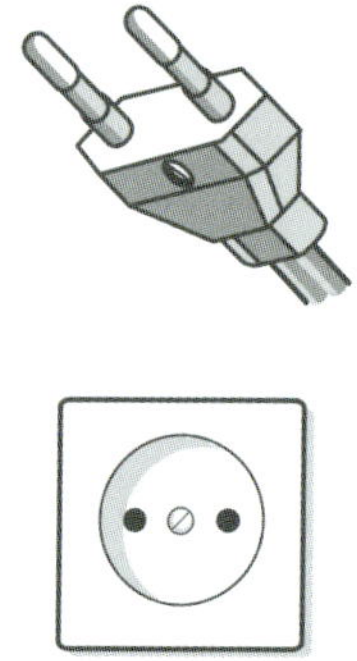

Type C
220 V/50 Hz

Type E
220 V/50 Hz

Formalités et visa

Les citoyens des pays de l'UE et les ressortissants suisses n'ont pas besoin d'un visa pour visiter la République tchèque ; carte d'identité ou passeport valides suffisent. Les ressortissants canadiens peuvent séjourner 90 jours dans le pays sans visa. Si le séjour excède 30 jours, tout étranger doit toutefois s'enregistrer auprès de la Police des étrangers de la région où il réside.

Handicapés

Prague et la République tchèque sont à la traîne pour répondre aux besoins des voyageurs handicapés. Les transports publics de Prague travaillent dur pour aménager gares et stations afin de les rendre accessibles en fauteuil roulant, ce qui n'est pas encore le cas de toutes. Plus d'infos sur dpp.cz.

- **Organisation des usagers en fauteuils roulants de Prague** (Benediktská 6 ; presbariery.cz) Œuvre à l'amélioration des conditions des handicapés. Rendez-vous sur le site pour plus d'informations.
- L'**Union des malvoyants tchèques** (Krakovská 21, Nové Město ; sons.cz) Fournit des informations (mais pas de services).
- **Accessible Prague** (accessibleprague.com) Conseils adaptés et services.
- En France, voyez auprès de l'**APF France handicap** (☎01 40 78 69 00 ; apffrancehandicap.org), **Yanous** (yanous.com), **Tourisme & Handicaps** (tourisme-handicaps.org), **Handicap.fr** (handicap.fr) et **Hizy**.

Heures d'ouverture

Banques 8h-16h30 lun-ven

Bars et clubs 11h-minuit ou plus

Magasins 8h30-20h lun-ven, 8h30-18h sam-dim

Poste principale 14h-minuit

Restaurants 10h-23h, les cuisines ferment souvent vers 22h

Politesse et usages

- **Salutations** On dit généralement *dobrý den* (bonjour) en entrant dans un magasin, un café ou un pub, et *na shledanou* (au revoir) en partant. Lorsque vous rencontrez des gens pour la première fois, il est d'usage d'échanger une poignée de main, avec les hommes comme avec les femmes.
- **Visite** Si vous êtes invité chez quelqu'un, apportez-lui des fleurs ou tout autre petit cadeau et ôtez vos chaussures en entrant.
- **Bonnes manières** Dans le tram et le métro, la politesse impose de céder son siège aux personnes âgées ou handicapées.

Jours fériés

Il existe 12 jours fériés, durant lesquels certains commerces et services non essentiels sont parfois fermés. Les restaurants, musées et sites touristiques restent généralement ouverts.

Nouvel An 1er janvier

Lundi de Pâques mars/avril

Fête du Travail 1er mai

Fête de la Libération de 1945 8 mai

Saints-Cyrille-et-Méthode 5 juillet

Martyre de Jan Hus 6 juillet

Fête nationale 28 septembre

Fête de la République 28 octobre

Fête de la Liberté et de la Démocratie 17 novembre

Veille de Noël 24 décembre

Noël 25 décembre

Saint-Étienne 26 décembre

Offices du tourisme

Les bureaux Prague City Tourism (www.prague.eu) fournissent de bonnes cartes et des informations générales fiables, ainsi que des renseignements sur les différentes manifestations. Le site Internet est en anglais.

On trouve des antennes dans les deux aéroports (dans le hall des arrivées de chaque terminal) ce qui permet d'acheter facilement des titres de transport, y compris des billets de bus Airport Export (AE) pour le trajet entre l'aéroport et la gare centrale de Prague. Certains bureaux proposent également la carte de réduction Prague CoolPass.

Prague City Tourism (prague.eu) a plusieurs antennes :

aéroport (prague.eu)

dans Rytírská (plan p. 90, D3 ; prague.eu)

place de la Vieille Ville (plan p. 90, C2 ; prague.eu)

Petřín (prague.eu)

Sécurité

Il y a peu de criminalité à Prague, mais les pickpockets et autres auteurs de menus larcins sévissent dans les zones touristiques. En cas de vol, portez plainte auprès du commissariat le plus proche. Si vous avez du mal à vous faire comprendre, adressez-vous au **bureau de police** (☎974 851 750 ; Jungmannovo náměstí 9 ; M Můstek) situé près de la place Venceslas, qui dispose d'interprètes. En cas de passeport perdu ou volé, les ambassades peuvent normalement émettre rapidement les documents de voyage de remplacement.

Pensez bien à conserver tous les documents dont vous aurez besoin pour vous faire rembourser par votre assurance.

Prague est une ville sûre, davantage du moins que la plupart des grandes villes du globe.

Téléphone

La plupart des numéros tchèques, fixes comme mobiles, comptent 9 chiffres. Il n'existe pas d'indicatif de ville ou de région.

- Pour appeler l'étranger depuis Prague, composez le code international (☎00), le code du pays (☎33 pour la France, ☎32 pour la Belgique, ☎41 pour la Suisse et ☎1 pour le Canada), le code régional (sans le zéro initial) et enfin le numéro.
- Pour appeler Prague depuis l'étranger, composez le code de l'accès international en vigueur dans votre pays (☎00 depuis la France), puis le ☎420 (code pays de la République tchèque) et terminez par le numéro à neuf chiffres de votre correspondant.

Toilettes

Les toilettes publiques sont gratuites dans les salles de concerts, les musées, les restaurants, les centres commerciaux et les trains. Partout ailleurs, il faut payer – y compris dans les gares et dans les stations de métro.

Les toilettes publiques sont généralement tenues par du personnel qui facture l'accès 10 Kč minimum, même si des systèmes automatisés fleurissent depuis peu. Les toilettes hommes sont indiquées par *muži* ou *páni*, les toilettes femmes par *ženy* ou *dámy*.

Urgences

Pour appeler un numéro à Prague depuis un autre pays, composez l'identifiant international de la Tchéquie, puis le numéro à neuf chiffres.

Numéro européen des services d'urgence	☎112
Urgences médicales, ambulance	☎155
Police	☎112
Pompiers	☎150

Langue

Le tchèque appartient à la famille occidentale des langues slaves. Sa prononciation n'est pas facile car certains sons n'existent pas en français. Parmi les particularités du tchèque assez difficiles à maîtriser pour un francophone, le *ř* (un "r" roulé suivi d'un "j" comme dans "large") ou encore la succession de mots sans voyelles. En revanche, cette langue se parle généralement comme elle s'écrit et chaque lettre a toujours le même son si bien qu'on peut se familiariser avec sa prononciation rapidement.

Avec un peu de pratique et en lisant la prononciation indiquée au regard de chaque mot comme s'il s'agissait du français, vous arriverez à vous faire comprendre. Veillez à accentuer la première syllabe des mots, indiquée en italique dans ce chapitre, et à prononcer chaque voyelle coiffée d'un accent plus longuement. Le masculin et le féminin sont signalés par m/f.

Civilités

Bonjour/Bonsoir.
Dobrý den/ *do*·bri·den
Dobrý večer. *do*·bri·*ve*·tcher

Bonjour/Salut.
Ahoj/Čau. *a*·hoï/tchao

Au revoir.
Na shledanou. *na*·chlé·da·nou

Excuse(z)-moi.
Promiňte. *pro*·min'·té

Pardon !
Pardon! *par*·don

S'il vous (te) plaît. *Prosím.* *pro*·sîm

Merci. *Děkuji.* *dyé*·kou·yi

Oui./Non. *Ano./Ne.* *a*·no/*né*

Parlez-vous anglais ?
Mluvíte anglicky? *mlou*·vî·te *an*·glits·ki

Je ne comprends pas.
Nerozumím. *né*·ro·zou·mîm

À table

Je voudrais..., s'il vous plaît. (m/f)
Chtěl/Chtěla bych..., prosím. Chtyél/*Chtyé*·la biRh ... *pro*·sîm

une table pour (deux)	*stůl pro (dva)*	stoul pro (dva)
ce plat	*ten pokrm*	ten *po*·krm
la carte des boissons	*nápojový lístek*	*na*·po·yo·vî *lîs*·tèk
le menu	*jídelníček*	*yî*·dél·nî·tchèk
café	*kavárna*	*ka*·var·na
déjeuner	*oběd*	*o*·byed
dîner	*večeře*	*ve*·tche·rje

L'addition s'il vous plaît.
Prosím přineste účet. *pro*·sîm *prjhi*·nes·te *oû*·tchet

Santé !
Na zdraví! na *zdra*·vî

C'était délicieux !
To bylo lahodné! *to bi*·lo *la*·hod·nê

Shopping

Je cherche...
Hledám... *hlé*·dám...

Combien est-ce que ça coûte ?
Kolik to stojí? *ko*·lik to *sto*·yî

C'est trop cher.
To je moc drahé. to yé mots dra·hê

Pouvez-vous faire un prix ?
Můžete mi cenu? mou·jé·te misnížit snî·jit tsé·nou

Heure et chiffres

Quelle heure est-il ?
Kolik je hodin? ko·lik yé ho·dyin

Il est (10) heures.
Je (deset) hodin. ye (de·set) ho·din

10 heures et demie.
Půl jedenácté. poul ye·de·nats·tê

À quelle heure ?
V kolik hodin? f ko·lik ho·dyin

matin	*ráno*	ra·no
après-midi	*odpoledne*	ot·po·lèd·né
soir	*večer*	ve·tcher
hier	*včera*	ftche·ra
aujourd'hui	*dnes*	dnes
demain	*zítra*	zî·tra

1	*jeden*	yé·den
2	*dva*	dva
3	*tři*	trji
4	*čtyři*	tchti·rji
5	*pět*	pyét
6	*šest*	chést
7	*sedm*	sé·dm
8	*osm*	o·sm
9	*devět*	dé·vyét
10	*deset*	dé·sét

Transport et orientation

Où est... ?
Kde je...? gdé yé ...

Pouvez-vous me montrer (sur la carte) ?
Můžete ukázat mapě)? mou·jé·té mi to mi to ou·ka·zat (na (na ma·pé)

Un billet pour..., s'il vous plaît.
Jízdenku prosim. yîz·dèn·kou do..., do ... pro·sîm

À quelle heure part le bus/le train ?
V kolik hodin ho·dyinodjíždí vlak? f ko·lik od·yîj·dyîautobus/ ao·to·bous/vlak

Ce taxi est libre ?
Je tento taxík tak·sîkvolný? yé ten·to vol·nî yé

Urgences

À l'aide !	*Pomoc!*	po·mots
Appelez... !	*Zavolejte*	za·vo·ley·té
un médecin	*lékaře!*	lê·ka·rjé
la police	*policii!*	po·li·tsi·yi

Je suis perdu(e). (m/f)
Zabloudil/ Zabloudila jsem. za·bloou·dyil/ za·bloou·dyila ysem

Je suis malade. (m/f)
Jsem nemocný/ nemocná. ysem né·mots·nî/ né·mots·na

Où sont les toilettes ?
Kde jsou toalety? gdé isoou toua·le·ti

En coulisses

Vos réactions ?

Vos commentaires nous sont très précieux pour améliorer nos guides. Notre équipe lit vos lettres avec la plus grande attention et prend en compte vos remarques pour les prochaines mises à jour. Pour nous faire part de vos réactions, prendre connaissance de notre catalogue et vous abonner à notre newsletter, consultez notre site Internet : **www.lonelyplanet.fr**.

Nous reprenons parfois des extraits de notre courrier pour les publier dans nos guides ou sites Web. Si vous ne souhaitez pas que vos commentaires soient repris ou que votre nom apparaisse, merci de nous le préciser. Notre politique en matière de confidentialité est disponible sur notre site Internet.

Un mot des auteurs

Marc Di Duca

Un immense merci à mon co-auteur, Mark Baker, pour son aide et sa persévérance sans faille. Un grand *díky* également à Paddington Tucker et à Stéphane Corbet à Prague, ainsi qu'à ma femme Tanya.

Mark Baker

Je remercie mes amis de Prague, toujours là pour m'aider à défricher de nouvelles manières d'explorer la ville. Je suis également redevable à Eva Brejlová, mon inestimable "voix locale". Merci tout spécialement à mon éditrice de Lonely Planet pour ce projet, Angela Tinson, et à mon co-auteur Marc Di Duca.

Crédits photographiques

Photographie de couverture : Cygnes sur la rivière Vltava, tours et le pont Charles au coucher du soleil à Prague, République Tchèque © Serenity-H / Shutterstock

À propos de cet ouvrage

Cette 7e édition française est la traduction-adaptation de la 7e édition du *Pocket Prague* rédigée par Mark Baker et Marc Di Duca. La précédente édition fut rédigée par Mark et Marc, ainsi que par Barbara Woolsey.

Traduction Sophie Dubus

Directeur éditorial
Dominique Bovet

Responsable éditorial
Dominique Bovet

Responsable prépresse
Jean-Noël Doan

Coordination éditoriale
Olympe Richez

Maquette Pierre Brégiroux

Cartographie
Eduardo Yanes-Blanch

Couverture
Laure Wilmot et Laurent Briard

Merci à Basile Mariton pour sa préparation du manuscrit et à Sylvie Rabuel pour sa relecture attentive du guide. Enfin merci à Luan Angel, Emma Davies et Nigel Longuet à Londres et à Jean-Pierre Masclef à Melbourne.

Index

Voir aussi les index des rubriques :

Se restaurer p. 166
Prendre un verre p. 166
Sortir p. 167
Shopping p. 167

Référence des **sites**
Référence des **cartes**

Se restaurer

Prendre un verre

Référence des **sites**
Référence des **cartes**